BRENO MEDEIROS

COMO ORGANIZAR SEU ORÇAMENTO E INVESTIR POR CONTA PRÓPRIA

COLEÇÃO EDUCAÇÃO FINANCEIRA PESSOAL

Como Organizar Seu Orçamento e Investir Por Conta Própria

Contato: educa.fin.pessoal@gmail.com

APRESENTAÇÃO

A Coleção Educação Financeira Pessoal é composta por três volumes educativos para que você desenvolva uma visão crítica e aprenda a investir por conta própria da melhor forma possível. Entretanto, não será dado o peixe, mas ensinado por onde e como navegar e o que pescar (1° livro), como e quando pescar (2° livro) e quanto pescar, além de administrar o barco ao longo do tempo, criar e multiplicar os peixes (3° livro). As obras não devem ser compreendidas enquanto estudo ou análise específica para a sua tomada de decisão. Os peixes eventualmente capturados serão devolvidos ao mar porque fazem parte do processo de ensino-aprendizagem, servindo apenas como demonstração didática.

Antes de ensinar no que investir, a primeira obra apresenta como organizar o seu orçamento pessoal ou familiar e traçar objetivos de curto, médio e longo prazo. A segunda explica como selecionar uma ação, a partir do modelo de Análise Indicativa de Qualidade colocado em prática, uma abordagem própria, fruto da experiência e de toda uma crítica à revisão teórica. Já a terceira demonstra como administrar os investimentos, gerenciando a sua estratégia na prática, baseando-se na escolha de produtos financeiros de qualidade, comercializados de maneira inteligente.

As publicações não garantem nenhum resultado financeiro porque isso depende da sua leitura crítica, da construção do seu próprio conhecimento e do seu comportamento enquanto investidor. Por outro lado, garanto muitas informações que te darão um norte prático no universo do planejamento e do controle pessoal e nos investimentos financeiros.

SUMÁRIO

INTRODUÇÃO

Você tem qualidade de vida? Possui um padrão mínimo de consumo que proporcione bem-estar para você e para a sua família? Como anda o seu ritmo de trabalho? Está "sobrando" tempo para a família e os amigos? Cuida da sua saúde física e emocional? Quais são os seus hobbies? Quais são os seus sonhos e os da sua família? O que é riqueza para você?

Já parou para pensar que tudo isso está direta ou indiretamente relacionado ao dinheiro? Não afirmo que dinheiro traz felicidade, porém, a sua ausência pode gerar como consequência mais frustrações e dificuldades. Reflita sobre o parágrafo anterior, pois durante a leitura deste livro você definirá um padrão de consumo para o presente e planejará o futuro que quiser, realizando sonhos e vivendo com vinte e quatro horas de cada dia disponível.

Um detalhe pode ter passado despercebido. Tem uma coisa mais importante do que tudo o que apresentei acima, mais importante, inclusive, do que o próprio dinheiro. Este "detalhe" se chama conhecimento, mas por que o conhecimento é tão importante? Porque sem conhecimento você corre o risco de perder o que já conquistou, sendo enganado ou agindo sem o devido controle.

Quem nunca ouviu uma história de alguém que ganhou na loteria, mas depois de certo tempo perdeu tudo e acumulou dívidas? O mesmo já ocorreu, por exemplo, com diversos jogadores e atores bem-sucedidos. O desconhecimento ou a insuficiência de conhecimento pode levar ao insucesso os que estão tentando obter as suas realizações ou ao fracasso os que já haviam conquistado algo.

Por isso é importante se preparar. Com mais conhecimento você segue um caminho orientado para o sucesso, evitando ou administrando os possíveis riscos e tendo o próprio controle sobre o que foi planejado. O conhecimento proposto aqui permitirá o saber fazer. O saber sair de possíveis dívidas, o saber organizar a vida presente, o saber planejar objetivos em vários prazos, o saber em que investir, enfim, o saber obter e manter o seu sucesso e ser feliz hoje e sempre.

Esta obra se destina aos mais variados públicos, independentemente da renda atual e do nível de conhecimento sobre os produtos do mercado financeiro. Você aprenderá a se organizar financeiramente e de forma prática como calcular em quanto tempo alcançará cada um dos seus objetivos, inclusive a independência financeira. Além disso, será feita uma abordagem diferenciada sobre os principais investimentos, criticando-os objetivamente e definindo os melhores.

PARTE 1 - ORGANIZAÇÃO

Capítulo 1 - OBJETIVOS

Antes de trabalhar com o orçamento, vou apresentar, matematicamente falando, como é possível realizar a independência financeira e outros objetivos de curto, médio e longo prazo. Serão utilizados retornos bem realistas, para que possíveis surpresas tenham maior probabilidade de serem positivas. Os tipos de investimento serão explicados posteriormente.

Para quem interessar em se aprofundar nos cálculos, seguem as premissas. Inflação de 4% ao ano. Para a Renda Fixa, retorno líquido de 8% ao ano, o que gera um ganho real mensal, ou seja, rendimento líquido com a inflação descontada de 0,314994809%. Já na Renda Variável o rendimento líquido é de 12% ao ano, sendo o ganho real de 0,61947801% ao mês.

Essas informações são ilustrativas porque o meu objetivo é reduzir ao máximo o seu esforço aos cálculos. O trabalho com a calculadora financeira HP 12c e com o Excel fica por minha conta. A você caberá utilizá-los de maneira prática, fazendo contas básicas, mas focando em estabelecer o padrão de consumo, o esforço, os objetivos e o tempo de realização.

Agora sim, vou começar a te apresentar de maneira simples como calcular os valores e o tempo para você alcançar a sua independência financeira. Posteriormente, também de forma descomplicada, você aprenderá a calcular financeiramente como atingir qualquer objetivo ao longo do tempo. Lembrando que os montantes sempre estarão corrigidos pela inflação.

Separando uma Parte do Salário para a Independência Financeira

Uma forma de chegar à independência financeira e manter um padrão de consumo pelo resto da vida é separando uma parte do salário para os investimentos. Isso pode ser feito com a economia mensal de qualquer percentual ao longo do tempo. Entretanto, quanto maior for o esforço financeiro e, em certa medida, a fome por conhecimento, mais rápido este objetivo será atingido.

Investindo 10% do Salário

Suponha que você invista 10% do seu salário e mantenha o seu padrão de consumo gastando os 90% restantes. Dessa forma, os 10% constantemente economizados trarão uma renda corrigida pela inflação equivalente ao seu padrão de consumo atual após 31 anos e 1 mês investindo esse dinheiro na Renda Variável ou depois de 61 anos e 2 meses investindo na Renda Fixa.

Investindo 20% do Salário

Suponha que você invista 20% do seu salário e mantenha o seu padrão de consumo gastando os 80% restantes. Dessa forma, os 20% constantemente economizados trarão uma renda corrigida pela inflação equivalente ao seu padrão de consumo atual após 21 anos e 9 meses investindo esse dinheiro na Renda Variável ou depois de 42 anos e 8 meses investindo na Renda Fixa.

Investindo 30% do Salário

Suponha que você invista 30% do seu salário e mantenha o seu padrão de consumo gastando os 70% restantes. Dessa forma, os 30% constantemente economizados trarão uma renda corrigida pela inflação equivalente ao seu padrão de consumo atual após 16 anos e 3 meses investindo esse dinheiro na Renda Variável ou depois de 31 anos e 11 meses investindo na Renda Fixa.

Investindo 40% do Salário

Suponha que você invista 40% do seu salário e mantenha o seu padrão de consumo gastando os 60% restantes. Dessa forma, os 40% constantemente economizados trarão uma renda corrigida pela inflação equivalente ao seu padrão de consumo atual após 12 anos e 5 meses investindo esse dinheiro na Renda Variável ou depois de 24 anos e 4 meses investindo na Renda Fixa.

Investindo 50% do Salário

Suponha que você invista 50% do seu salário e mantenha o seu padrão de consumo gastando os 50% restantes. Dessa forma, os 50% constantemente economizados trarão uma renda corrigida pela inflação equivalente ao seu padrão de consumo atual após 9 anos e 5 meses investindo esse dinheiro na Renda Variável ou depois de 18 anos e 5 meses investindo na Renda Fixa.

O percentual do salário destinado a alcançar a sua independência financeira é algo bem subjetivo e dependerá de variáveis como:

1. Valor do salário recebido;

2. Padrão de consumo atual;

3. Qualidade de vida desejada para a independência financeira;

4. Tempo dedicado ao trabalho;

5. Tempo dedicado à qualificação profissional;

6. Mudanças familiares ao longo do percurso;

7. Percentual destinado às doações;

8. Demais objetivos de curto, médio e longo prazo;

9. Valores financeiros e outras propriedades pré-existentes;

10. Tempo até atingir a independência financeira; e

11. Conhecimento em investimentos financeiros.

O meu intuito não é determinar exatamente como, nem quando você realizará a sua independência financeira, entretanto, perceba, por exemplo, que investindo um percentual mais baixo e em Renda Fixa, o horizonte é muito longo, mais de sessenta anos. Por outro lado, com mais esforço e mais conhecimento é possível alcançar este objetivo em bem menos tempo.

Esse esforço de que falo não necessariamente tem que ser um maior percentual da atual remuneração. Uma pessoa poderia ganhar, digamos, R$ 5 mil e não conseguir economizar nem 10% do salário para investir. Observando as onze variáveis acima, ela poderia, por exemplo, se qualificar para dobrar o que recebe, mantendo o padrão de consumo atual. Observe que assim aumentaria bastante o percentual destinado aos investimentos.

Após essa explicação, você poderia pensar: "Mas eu não quero saber como manter o meu padrão de consumo a partir de um percentual do meu salário! Quero mesmo é saber o quanto preciso investir para receber o salário que quiser!"

Certo! Vamos ao próximo tópico.

Quanto Ter para ser Independente Financeiramente

Há uma forma bastante simples de calcular o quanto você precisa ter em dinheiro acumulado para receber um salário que atenda às suas necessidades e possibilite a tão almejada independência financeira. Para tanto, basta você definir qual será esse salário e decidir se a correção será através da Renda Fixa ou da Renda Variável. Apenas relembrando que este assunto sobre Renda Fixa e Renda Variável será abordado mais à frente.

Se você for investir em Renda Fixa, então, multiplique o seu salário desejado por 318.

Já se você for investir em Renda Variável, a multiplicação do seu salário será por 162.

Deste modo, por exemplo, para um salário de R$ 10 mil, investindo em Renda Fixa, então, multiplique 10.000 x 318 = R$ 3.180.000,00. Este seria o montante necessário para que você tivesse hoje R$ 10 mil todos os meses, com o valor corrigido pela inflação.

Se você quiser um salário de R$ 10 mil, também corrigidos pela inflação, mas investindo na Renda Variável multiplique 10.000 x 162 = R$ 1.620.000,00.

Multiplicando por um destes dois números, 318 para a Renda Fixa ou 162 para a Renda Variável, você saberá o montante necessário para atingir qualquer salário desejado, sem mais precisar trabalhar. Vou apresentar mais dois exemplos, apenas para ilustrar.

Se você quiser um salário de R$ 30 mil, investindo na Renda Fixa, multiplique 30.000 x 318 = R$ 9.540.000,00. Já se quiser um salário de R$ 2 mil, investindo na Renda Variável, multiplique 2.000 x 162 = R$ 324.000,00.

Agora que você já sabe calcular o montante necessário para ter o seu salário desejado, podem começar a surgir novas dúvidas: Quanto eu devo investir por mês e em quanto tempo vou conseguir o total do dinheiro?

Tudo bem! Isso será detalhado agora!

Quanto e até Quando Investir para ser Independente Financeiramente

Para saber quanto investir por mês até a independência financeira preparei uma tabela, onde quem vai definir o tempo necessário para atingir este objetivo é você. Nada mais justo, certo?! Dê uma olhada agora, que depois você aprenderá a utilizá-la, mas já adianto que é bem simples.

Tabela 1 – Aplicação regular mensal para atingir R$ 1 mil corrigidos.

QUANTIDADE DE TEMPO EM ANOS	RENDA FIXA (PARCELA MENSAL)	RENDA VARIÁVEL (PARCELA MENSAL)
01	R$ 81,90	R$ 80,54
02	R$ 40,18	R$ 38,78
03	R$ 26,28	R$ 24,89
04	R$ 19,34	R$ 17,96
05	R$ 15,17	R$ 13,82
06	R$ 12,40	R$ 11,07
07	R$ 10,42	R$ 9,12
08	R$ 8,94	R$ 7,66
09	R$ 7,79	R$ 6,54
10	R$ 6,88	R$ 5,65
15	R$ 4,14	R$ 3,04
20	R$ 2,80	R$ 1,83
25	R$ 2,01	R$ 1,16
30	R$ 1,50	R$ 0,76
35	R$ 1,15	R$ 0,51
40	R$ 0,90	R$ 0,34
45	R$ 0,71	R$ 0,23
50	R$ 0,57	R$ 0,16

Pois bem, usar a tabela é fácil porque ela calcula quantias mensais a serem investidas para se atingir R$ 1 mil corrigidos pela inflação ao longo de vários períodos de tempo. Mas a partir dela você poderá calcular o valor mensal para alcançar a sua independência financeira.

Primeiro entenda essa Tabela 1. Por exemplo, para totalizar R$ 1 mil em 2 anos, investindo em Renda Fixa, basta verificar na segunda coluna da tabela a linha referente à parcela mensal do segundo ano, que é o valor de R$ 40,18. Se fosse neste mesmo tempo, mas em Renda Variável, o valor seria R$ 38,78. A consulta é direta porque a tabela se refere a R$ 1 mil.

E para valores diferentes de R$ 1 mil? Para calcular, digamos, R$ 500 mil em 2 anos, basta multiplicar os resultados anteriores por 500,000. Desta forma, investindo em Renda Fixa a prestação será de R$ 20.090, já em Renda Variável R$ 19.390.

Outros valores: Para R$ 35.100, multiplica por 35,100. Para R$ 272.000, multiplica por 272,000. Para R$ 1.500.000, multiplica por 1.500,000. Para R$ 5.000.000, multiplica por 5.000,000. Para R$ 5.555.555, multiplica por 5.555,555. Observe como a lógica é bem simples, você apenas pula três casas decimais.

Com os conhecimentos adquiridos até aqui, agora você pode definir o salário que quer ganhar para ser independente financeiramente, calcular o valor total e quanto será necessário investir mensalmente de acordo com o tempo que você quiser para realizar este objetivo. Continuarei os exemplos do item anterior e estabelecerei um tempo até a independência financeira para utilizar a tabela e verificar quanto investir por mês para ser independente financeiramente.

Para um salário de R$ 10 mil investindo em Renda Fixa chegamos ao montante necessário de 10.000 x 318 = R$ 3.180.000,00. Digamos que o tempo escolhido até a independência financeira seja de 25 anos; como para R$ 1 mil o valor mensal é de R$ 2,01, calculamos 2,01 x 3.180,000 = R$ 6.391,80, que seria o valor do investimento mensal.

Para um salário de R$ 10 mil investindo em Renda Variável chegamos ao montante necessário de 10.000 x 162 = R$ 1.620.000,00. Digamos que o tempo escolhido até a independência financeira seja de 25 anos; como para R$ 1 mil o valor mensal é de R$ 1,16, calculamos 1,16 x 1.620,000 = R$ 1.879,20, que seria o valor do investimento mensal.

Para um salário de R$ 30 mil investindo em Renda Fixa chegamos ao montante necessário de 30.000 x 318 = R$ 9.540.000,00. Digamos que o tempo escolhido até a independência financeira seja de 40 anos; como para R$ 1 mil o valor mensal é de R$ 0,90, calculamos 0,90 x 9.540,000 = R$ 8.586,00, que seria o valor do investimento mensal.

Para um salário de R$ 2 mil investindo em Renda Variável chegamos ao montante necessário de 2.000 x 162 = R$ 324.000,00. Digamos que o tempo escolhido até a independência financeira seja de 20 anos; como para R$ 1 mil o valor mensal é de R$ 1,83, calculamos 1,83 x 324,000 = R$ 592,92, que seria o valor do investimento mensal.

Fizemos as contas e você pôde perceber que é possível chegar à independência financeira. Claro que isso envolve conhecimento, esforço, ação, foco e disciplina. Como a leitura ainda está no início, me proponho a te passar muito mais informações para que você faça as suas próprias críticas, eleve o seu conhecimento e possa agir da melhor maneira possível.

Agora que você percebeu que a matemática pode ser descomplicada vamos aprender a calcular financeiramente como atingir qualquer outro objetivo de curto, médio ou longo prazo.

Calculando os Demais Objetivos

Comecei o livro tratando logo da independência financeira com o intuito de desmitificar a sua realização. Feitas as contas, de maneira clara e direta, você viu que é possível. Em momento algum afirmo que seja fácil porque envolverá o seu trabalho, o seu esforço, a sua vida, um horizonte de tempo, o seu conhecimento, as suas atitudes e comportamentos.

A independência financeira, para a maioria das pessoas, talvez seja o objetivo de maior valor monetário e com o maior período de tempo até ser atingido, entretanto, ele não é o único. A partir de uma organização podemos estabelecer objetivos de curto, médio e longo prazo ao longo de nossas vidas. É isso que vamos aprender a calcular agora de forma fácil.

Imagine uma viagem de final de semana para um local próximo ou mesmo ao exterior. Idealize a aquisição de um celular novo, de um equipamento de informática ou de um eletrodoméstico que você deseje. Agora pense na compra de um veículo ou de um imóvel. Tudo isso pode fazer parte dos seus objetivos materiais. Para alcançá-los você deve transformá-los em objetivos financeiros e somar os valores suficientes às compras.

A mesma tabela utilizada para saber quanto investir por mês para atingir o valor de R$ 1 mil corrigidos pela inflação pode ser empregada para definir o esforço mensal necessário para alcançar qualquer objetivo. A ideia é que você consiga observar que com um esforço mensal durante um tempo determinado os seus desejos serão alcançados. Vamos aos exemplos?

Para uma viagem nacional que custe R$ 3.500,00. Vamos estabelecer um investimento em Renda Fixa durante 2 anos. Ao consultar a Tabela 1 observamos que para atingir R$ 1 mil num período de 2 anos corrigidos pela inflação, investindo em Renda Fixa, seria necessário R$ 40,18. Dessa forma, calculamos 3,500 x 40,18 = R$ 140,63, que seria o esforço mensal necessário para fazer a viagem.

Para uma viagem internacional de algumas semanas no valor de R$ 20.000,00. Vamos estabelecer um investimento em Renda Fixa durante 3 anos. Como para atingir R$ 1 mil seria necessário R$ 26,28, então, calculamos 20,000 x 26,28 = R$ 525,60, que seria a prestação mensal para atingir os R$ 20.000,00 corrigidos pela inflação.

Para a compra de um carro no valor de R$ 99.990,00. Vamos estabelecer um investimento em Renda Fixa durante 10 anos. Como para atingir R$ 1 mil seria necessário R$ 6,88, então, calculamos 99,990 x 6,88 = R$ 687,93, que seria a prestação mensal para atingir os R$ 99.990,00 corrigidos pela inflação.

Para a compra de um apartamento no valor de R$ 500.000,00. Vamos estabelecer um investimento em Renda Variável durante 20 anos. Como para atingir R$ 1 mil seria necessário R$ 1,83, então, calculamos 500,000 x 1,83 = R$ 915,00, que seria a prestação mensal para atingir os R$ 500.000,00 corrigidos pela inflação.

Para a compra de uma casa no valor de R$ 1.500.000,00. Vamos estabelecer um investimento em Renda Variável durante 35 anos. Como para atingir R$ 1 mil seria necessário R$ 0,51, então, calculamos 1.500,000 x 0,51 = R$ 765,00, que seria a prestação mensal para atingir os R$ 1.500.000,00 corrigidos pela inflação.

Rendimento de um Valor Específico ao Longo dos Anos

Você aprendeu quanto investir por mês e até quando manter a disciplina para atingir valores financeiros em vários períodos de tempo. Entretanto, pode ocorrer de você ter começado a investir e interromper os aportes a partir de um determinado mês ou já possuir uma quantia em dinheiro disponível, mas não querer colocar mais nada nos meses subsequentes.

Desta forma, como calcular um valor total corrigido pela inflação, investindo em Renda Fixa ou em Renda Variável ao longo dos anos? Para isso, apresento mais uma tabela descomplicada que informa este resultado para um investimento único de R$ 1 mil, que pode ser utilizada como referência para fazer a conta de qualquer quantia financeira.

Tabela 2 – Valor total da aplicação única de R$ 1 mil corrigidos.

QUANTIDADE DE TEMPO EM ANOS	RENDA FIXA (VALOR FUTURO)	RENDA VARIÁVEL (VALOR FUTURO)
01	R$ 1.038,46	R$ 1.076,92
02	R$ 1.078,40	R$ 1.159,76
03	R$ 1.119,87	R$ 1.248,97
04	R$ 1.162,94	R$ 1.345,05
05	R$ 1.207,67	R$ 1.448,51
06	R$ 1.254,12	R$ 1.559,94
07	R$ 1.302,36	R$ 1.679,93
08	R$ 1.352,45	R$ 1.809,16
09	R$ 1.404,46	R$ 1.948,32
10	R$ 1.458,48	R$ 2.098,20
15	R$ 1.761,38	R$ 3.039,28
20	R$ 2.127,18	R$ 4.402,44
25	R$ 2.568,95	R$ 6.377,02
30	R$ 3.102,47	R$ 9.237,22
35	R$ 3.746,78	R$ 13.380,27
40	R$ 4.524,91	R$ 19.381,56
45	R$ 5.464,64	R$ 28.074,52
50	R$ 6.599,53	R$ 40.666,42

Na Tabela 2 você observa, por exemplo, que uma única aplicação de R$ 1 mil, sem qualquer nova entrada de dinheiro, após um período de 10 anos trará um ganho real de R$ 1.458,48 em Renda Fixa ou R$ 2.098,20 em Renda Variável. A consulta é direta porque estou me referindo a um valor de R$ 1 mil. Se for uma quantia diferente, por exemplo, R$ 200 mil neste mesmo período de 10 anos, basta multiplicar os resultados por 200,000. Desta forma, investindo em Renda Fixa o total será de R$ 291.696, já em Renda Variável R$ 419.640.

Observe que a multiplicação segue a mesma lógica da tabela anterior, pulando a vírgula três casas decimais. Para R$ 50, multiplica por 0,050.

Para R$ 100, multiplica por 0,100. Para R$ 8.500, multiplica por 8,500. Para R$ 99.999,99, multiplica por 99,99999.

Para efeito de organização do planejamento, essa segunda tabela pode não parecer tão fundamental quanto à primeira porque um único aporte só faria diferença significativa no longuíssimo prazo. Entretanto, ela será muito importante para calcular os valores já disponíveis no início dos seus investimentos e no caso de você se desfazer de algum objeto de valor ou um bem.

Adicionando Prestações Mensais a um Valor Inicial

Caso você deseje realizar um objetivo em determinado prazo e já tenha um valor inicial, poderá utilizar a Tabela 2 para calcular o crescimento real do dinheiro que já possui e a Tabela 1 para saber o quanto terá que investir mensalmente para completar o montante necessário para atingir o objetivo. Por exemplo, digamos que você tenha R$ 100 mil e deseje comprar um imóvel de R$ 300 mil daqui a 15 anos, investindo somente em Renda Fixa. Pela Tabela 2, você observará que os R$ 100 mil iniciais investidos em Renda Fixa equivalerão a R$ 176.138,00 (100,000 x 1.761,38), em valor real no futuro projetado. Dessa forma, para atingir os R$ 123.862,00 restantes aos R$ 300 mil, investindo também em Renda Fixa, você consultará a Tabela 1 e verificará que R$ 512,79 (123,86200 x 4,14) será a prestação mensal necessária para que o imóvel seja adquirido no tempo planejado.

Parabéns! Além da independência financeira, você será capaz de calcular o esforço necessário para atingir qualquer objetivo nos mais variados prazos e alcançar tudo o que desejar. Pode ser a partir do zero, com uma prestação fixa; contando apenas com um valor inicial investido, sem novos aportes de dinheiro; ou utilizando um valor inicial e acrescentando parcelas mensais até obter o valor pretendido.

Essa habilidade será muito importante quando você estiver planejando o seu orçamento. Para ajudar neste processo vamos conhecer no próximo capítulo uma ferramenta construída sob medida para você avaliar os seus gastos atuais, planejar e controlar o orçamento e alcançar os objetivos.

Capítulo 2 - FERRAMENTA

Neste capítulo você será apresentado à ferramenta que se realmente utilizada trará luz à sua saúde financeira, com enorme poder de transformação para a vida de sua família como um todo. Trata-se de uma planilha onde será possível fazer desde um diagnóstico inicial dos seus gastos, até o planejamento, a execução, o controle e a avaliação das receitas, das despesas, das possíveis dívidas, dos investimentos, além de gerenciar objetivos de curto, médio e longo prazo.

O mais interessante é que você ficará bem-acostumado porque a planilha é muito simples e prática. Ela permite fazer tudo numa mesma página e acompanhar uma sequência de anos até 2099. Isso te proporcionará tranquilidade e acesso fácil e rápido a todas as suas informações ao longo dos anos.

Vamos conhecer a planilha?! O arquivo está em formato Excel e pode ser baixado da Internet através do endereço abaixo:

goo.gl/xvysak

Itens da Planilha

A planilha está formatada para ser utilizada de janeiro de 2019 a dezembro de 2099, ou seja, um período de oitenta e um anos. Caso você comece a registrar dados a partir de outro mês e ano diferente do início, por exemplo, março de 2021 terá duas opções. A primeira alternativa é editar o arquivo porque ele é totalmente alterável. Já o caminho mais simples, neste caso, é ir diretamente para a coluna referente a "mar/21" e começar a preencher de lá, deixando as colunas anteriores em branco.

Para registrar as receitas mensais foram criados os seguintes itens:

- **RECEITAS MENSAIS**
  - Saldo do Mês Anterior
  - Remuneração Bruta
  - 13º Salário
  - Férias
  - Aluguéis Recebidos
  - Juros (Renda Fixa)
  - Proventos (Renda Variável)
  - Outros

Já para as despesas mensais foram selecionadas dez subcategorias, cada uma registrando parte dos gastos em vários itens, como podemos observar abaixo:

- **DESPESAS MENSAIS**
  - DESCONTOS DO SALÁRIO
    - Imposto de Renda
    - INSS
    - Outros
  - OUTROS GASTOS
    - Anuidade do Cartão
    - Taxa de Conta Corrente
    - Pensão Alimentícia
    - Mesada
    - Gorjeta
    - Doações
    - Gastos não Previstos
  - FINANCIAMENTO/EMPRÉSTIMO
    - Financiamento do Imóvel
    - Financiamento do Veículo
    - Outros Financiamentos
    - Empréstimo Bancário
    - Cheque Especial
    - Outros Empréstimos

- HABITAÇÃO
  - Aluguel
  - Condomínio
  - IPTU
  - Água
  - Luz
  - Gás
  - Telefone Fixo
  - TV por Assinatura
  - Internet
  - Supermercado
  - Padaria
  - Móveis/Eletrodomésticos
  - Empregado/Faxina
  - Lavanderia
  - Manutenção
  - Segurança Particular
  - Pet Shop
  - Outros
- TRANSPORTE
  - Ônibus/Metrô/Trem
  - Táxi/Uber
  - Pedágio
  - Aluguel
  - Combustível
  - Estacionamento
  - Lavagem
  - Manutenção
  - Seguro
  - Taxas Anuais
  - Multas
  - Outros

- SAÚDE
  - Plano de Saúde
  - Médico
  - Dentista
  - Medicamentos
  - Outros
- EDUCAÇÃO
  - Escola
  - Esporte Escolar
  - Faculdade
  - Cursos
  - Matrícula
  - Material Escolar
  - Fardamento
  - Outros
- DESPESAS PESSOAIS
  - Telefone Celular
  - Eletrônico/Informática
  - Cosmético
  - Salão de Beleza
  - Vestuário/Calçados
  - Esporte/Academia
  - Aniversários/Presentes
  - Almoço/Lanche no Trabalho
  - Outros
- LAZER
  - Cinema/Teatro
  - Passeios
  - Viagens
  - Restaurantes/Bares
  - Livraria
  - Jogos
  - Outros

- o OBJETIVOS FUTUROS
  - ▪ Independência Financeira
  - ▪ Objetivo 2
  - ▪ Objetivo 3
  - ▪ Objetivo 4
  - ▪ Objetivo 5
  - ▪ Objetivo 6
  - ▪ Objetivo 7
  - ▪ Objetivo 8
  - ▪ Objetivo 9
  - ▪ Objetivo 10

Após lançar todas as receitas e despesas você registrará o valor total já acumulado de cada investimento para atingir os seus objetivos. Isso permitirá acompanhar o crescimento do volume financeiro mês a mês até o momento de realizar o que foi planejado.

Também há campos para totalizar as possíveis dívidas, separadas em dois subgrupos. No primeiro estão aquelas em dia com o pagamento e no segundo as com inadimplência, ou seja, que estão em atraso.

À medida que os dados são preenchidos a planilha já vai contabilizando os totais. Você conseguirá visualizar o "Saldo do Mês", que é o total das receitas menos o total das despesas, e esse valor aparecerá no mês seguinte como "Saldo do Mês Anterior".

Na última parte a planilha calculará automaticamente quanto representa percentualmente cada um dos seus gastos mensais em relação às receitas do mês. Essa é uma das formas de controle porque permite a você perceber a parte do orçamento que vai para cada item e como é a evolução ao longo do tempo.

Agora que já abordei todos os itens vou às explicações sobre o preenchimento porque é a partir daí que essa ferramenta se diferencia completamente de outras planilhas de controle orçamentário.

Preenchimento

A planilha reflete as entradas e as saídas de dinheiro que realmente ocorreram dentro do mês. Isso porque quando você utiliza, por exemplo, um cartão de crédito em determinada data, mas o vencimento ocorrerá no mês seguinte, essa despesa passa a ser referente ao mês em que o pagamento será realizado. Uma compra efetuada, por exemplo, em fevereiro no valor de R$ 2.000,00, dividida em quatro vezes sem juros, será paga de março a junho com um fluxo de R$ 500,00 mensais. Para a contabilidade diríamos que a dívida "compete" (Regime de Competência) a fevereiro, mas o fluxo do dinheiro (Regime de Caixa) ocorre de março a junho.

Dessa forma, a planilha está construída dentro do modelo de fluxo de caixa porque permite visualizar exatamente a entrada e a saída do dinheiro durante os meses. Mas o que a diferencia das demais é a sua continuidade ao longo dos anos, sendo mais fácil a visualização de períodos maiores dentro de um mesmo arquivo. Como são utilizados conceitos de administração e de contabilidade, é possível planejar e acompanhar mensalmente as receitas, as despesas, as possíveis dívidas, os investimentos e a execução dos seus respectivos objetivos de curto, médio e longo prazo.

Quando qualquer valor for digitado na planilha o número aparecerá em vermelho. Isso significa que você está prevendo alguma receita, despesa, investimento ou dívida, entretanto, ainda não houve o desembolso de fato.

Mas qual é a importância dos números aparecerem em vermelho?

Primeiro, isso facilita observar os gastos durante o mês antes mesmo deles ocorrerem. Se você paga condomínio, tem um plano de saúde, um financiamento ou qualquer outro gasto que se repete, ainda que o pagamento venha a ser feito apenas ao longo do mês, ele pode já aparecer no início em vermelho. Quando de fato você realizar o pagamento, significa que o valor está consolidado, então, mude a cor para preto. Isso permite visualizar o orçamento, inclusive pode ser feito com gastos que variam, como a conta de água e luz, mas nestes casos os valores também serão alterados.

Uma segunda serventia para preencher a planilha com as receitas e despesas definitivas (já em preto) e com o que ainda não foi consolidado (em vermelho) é que, desta maneira, é possível ter uma noção de quanto será o Saldo do Mês ainda no início do mês ou até antes dele começar. Isso permite alterações de gastos ao longo do percurso, reduzindo, cortando, aumentando ou criando novas despesas. Permite visualizar que faltará muito dinheiro ou que haverá sobra suficiente para planejar um novo objetivo de curto, médio ou longo prazo.

A terceira utilidade dos números aparecerem em vermelho é que a planilha é toda automatizada para facilitar o seu preenchimento e a visualização dos demais meses. Com isso, quando você digita receitas e despesas os demais meses são preenchidos com os mesmos valores do último mês. Como os números aparecem em vermelho você já sabe que as informações não estão consolidadas e poderão ser alteradas no futuro. Cada mês só estará totalmente consolidado quando não houver campos em vermelho referente ao mês e as demais informações forem inseridas.

Por fim, a quarta vantagem para as informações ainda não consolidadas aparecerem nos meses subsequentes é que isso possibilitará você visualizar as parcelas de possíveis dívidas e dos objetivos para acompanhar até que mês ocorrerão os desembolsos de dinheiro. Por exemplo, lembra daquela viagem nacional que custa R$ 3.500,00, a ser realizada após um período de investimentos em 2 anos? O valor da parcela deve ser atribuído a um dos Objetivos Futuros como Despesa Mensal. Caso você inicie a execução em junho de 2019, tem como visualizar na parte dos gastos, mês a mês, até maio de 2021 o desembolso dos R$ 140,63. Neste caso, como a planilha está repetindo o gasto para todos os meses seguintes infinitamente, basta apagar a célula do mês de junho de 2021, que os meses posteriores ficarão zerados.

Algumas receitas e despesas precisam ser somadas antes de serem inseridas na planilha. Por exemplo, na situação onde há duas rendas distintas para um casal a informação de ambos deve constar somada na Remuneração Bruta. Essa lógica de fazer um somatório vale para todas as receitas e despesas que consta mais de um valor. Caso você queira realizar uma soma dentro da própria célula na planilha digite primeiro o símbolo de igual, insira o primeiro valor e separe os demais números com o símbolo da adição, sem utilizar espaços e aperte Enter ao final. Exemplo: =12,25+7,55. Após o Enter aparecerá 19,80, que é o resultado da conta.

Neste capítulo você aprendeu sobre uma ferramenta que traz conceitos de administração e de contabilidade capazes de organizar o orçamento e acompanhar a realização de objetivos. Nas próximas páginas já serão aplicados alguns conhecimentos adquiridos até aqui, quando você levantará o diagnóstico inicial das suas receitas e despesas.

Capítulo 3 - DIAGNÓSTICO

Você precisa perceber a necessidade de caminhar em busca de um diagnóstico antes mesmo de estabelecê-lo inicialmente. Por que temos que nos preocupar com o quanto recebemos e como gastamos? Do ponto de vista econômico tal questão poderia ser respondida a partir da Lei da Escassez. Essa perspectiva corrobora com o ponto de vista contábil e administrativo, que visa medir e gerir da melhor forma possível recursos que são limitados em busca de objetivos. Apresentarei a escassez de forma ilustrada com um exemplo prático voltado à educação financeira pessoal.

Escassez de Recursos

Imagine que ao longo de certo período alguém tenha acumulado o montante de R$ 3.180.000,00. Aprendemos anteriormente que este valor seria o suficiente para uma pessoa viver pelo resto da vida com um salário de R$ 10 mil corrigidos pela inflação, investindo em Renda Fixa (10.000 x 318). Entretanto, o que aconteceria se essa pessoa deixasse de trabalhar e passasse a manter um padrão de consumo de R$ 20 mil mensais? Ainda que o montante continuasse sendo investido em Renda Fixa, após 18 anos e 4 meses ela teria zerado todos os seus recursos financeiros.

Mas o que daria errado? Como seria possível acabar com mais de R$ 3 milhões gastando "apenas" R$ 20 mil por mês? Pois é, ainda que haja investimentos corretos, sem planejamento e gestão pode ser somente uma questão de tempo até o dinheiro esgotar! Num primeiro momento o planejamento pode até ter ocorrido de forma correta. Entretanto, muito dinheiro não significa que ele seja infinito, a ponto de ser negligenciado. Há pessoas que podem gastar mensalmente centenas de milhares ou milhões sem comprometer o seu patrimônio, entretanto, elas precisam de um suporte de dezenas ou de centenas de milhões investidos.

No exemplo apresentado, a execução da independência financeira ocorreu de forma equivocada. Se a pessoa mantivesse o seu padrão de consumo em R$ 10 mil mensais a sua fortuna permaneceria corrigida pela inflação. Observe que até certo limite de gastos o dinheiro seria consumido e a riqueza ainda cresceria: digamos que desde o início da independência financeira o padrão mensal fosse de R$ 5 mil; ao final dos 18 anos e 4 meses, mesmo com as retiradas, o montante teria aumentado em quase 50% corrigidos pela inflação. Mas se ele quisesse usufruir mais de R$ 10 mil mensais deveria ter encontrado formas de investir que rentabilizasse melhor o dinheiro ou permanecer trabalhando por mais tempo para acumular o bastante a ponto de manter o padrão de vida desejado.

Reflita por um instante: se é possível esgotar mais de três milhões de reais devido à negligência, o que dizer do orçamento de alguém que descuidou do passado e continua com o mesmo comportamento no presente e provavelmente para o futuro? A maioria dos brasileiros não sabe para onde está indo o dinheiro, não planeja objetivos e antecipa todo tipo de consumo mediante o pagamento de juros. Nestes casos, além de escassos, os recursos demandarão mais trabalho como contrapartida.

É importante planejar e estabelecer objetivos em todos os prazos, inclusive os longos, como a independência financeira, porque os brasileiros estão vivendo cada vez mais. No início dos anos de 1940 a expectativa de vida ao nascer era em média de apenas 45,5 anos. Esse valor foi aumentando para 48 (1950), 52,5 (1960), 57,6 (1970), 62,5 (1980), 66,9 (1991), 69,8 (2000), 73,9 (2010), até chegar em 76 anos em 2018. As projeções também apontam que a nossa vida média ultrapassará os 80 anos e que o número de idosos com mais de 60 anos dobrará até 2060, representando pelo menos um em cada quatro brasileiros.

Você poderia até contra-argumentar dizendo que nasceu numa dessas primeiras décadas e que não terá mais essa expectativa de vida toda. Entretanto, já temos no Brasil dezenas de milhares de idosos centenários, inclusive o meu avô Sebastião, que já possui 102 anos, quando a expectativa de vida de um homem brasileiro nascido na década de 1910 era de 33,4 anos. Isso significa que ele já viveu mais de 200% esse tempo médio. Por isso é importante planejar a qualidade de vida até o futuro, começando pela definição do padrão de consumo no presente.

Entenda o orçamento como algo limitado, onde será necessário realizar algumas escolhas de consumo ao mesmo tempo em que se abre mão de muitas outras opções. Isso explica a necessidade de preocupação constante com o quanto se recebe e como se gasta. A definição de quanto você poderá utilizar por mês dependerá da renda proveniente do trabalho e das propriedades, como imóveis, terrenos, empresas, direitos a receber e capital investido. Essas propriedades comporão o patrimônio.

Entretanto, neste momento o que observarei para a realização do seu diagnóstico abrangerá apenas o passado e o presente, ou seja, as possíveis dívidas e o padrão de consumo atual. O futuro será fruto do planejamento que ocorrerá mais à frente. Por isso o importante é fazer um levantamento exato das receitas e despesas, de acordo com a sua rotina atual.

Dessa forma, você fará o diagnóstico inicial necessário para a organização do seu orçamento. Será uma oportunidade de reconhecer todos os gastos realizados durante um mês. Ao observar o fluxo do dinheiro também será possível projetar as receitas e as despesas para os próximos doze meses. Isso facilitará a compreensão sobre a sua vida financeira atual. Vamos pôr a mão na massa?!

Medindo Receitas e Despesas

Agora chegou a sua vez de colocar em prática uma parte do que aprendeu até aqui. Para esse exercício você continuará consumindo como sempre fez, entretanto, serão registradas todas as entradas e as saídas de dinheiro durante o período de um mês. Qualquer valor, por menor que seja, precisa ser anotado. Neste momento o objetivo não é realizar qualquer corte, mas gerar informações sobre os seus gastos.

Lembre-se que a planilha apresenta apenas um campo por item no mês. Então, por exemplo, se você tiver vinte gastos com padaria precisa somar tudo antes de inserir o resultado na planilha. Você aprendeu a fazer isso na própria planilha, mas talvez haja maneiras mais práticas. A forma ou o local onde você fará isso antes de inserir na planilha não importa, pode ser através de um aplicativo de celular, caderno ou até uma folha de papel.

O mais importante aqui é desconfiar da própria memória porque senão você poderá esquecer situações de gastos ou de valores desembolsados. Durante este período controle tudo! As receitas normalmente são mais fáceis porque a maioria das pessoas tem apenas uma entrada mensal. Por outro lado, quanto aos gastos, separe-os entre as dez subcategorias de despesas presentes na planilha disponibilizada.

Espero que você realize esta atividade porque ela será transformadora!

Com todos os registros organizados na planilha você tem uma visão de quanto recebe e para onde está indo o seu dinheiro. Entretanto, com facilidade poderá realizar uma atividade que te dará uma noção muito mais ampla, sem precisar anotar diariamente todos os gastos por vários meses. Vamos utilizar a Planilha de Planejamento e Controle Orçamentário para projetar tudo durante um ano.

Projetando por um Ano

Após registrar todas as receitas e despesas do mês na planilha você observará que a maior parte das células foi reproduzida para os meses posteriores com informações ainda não consolidadas. Manuseando esses dados é possível projetar o orçamento pelo prazo de um ano ou até mais, de forma descomplicada e bem realista, de acordo com o seu comportamento financeiro atual.

Você deverá analisar o período de um ano a partir do mês em que deu início à sua organização. Por exemplo, se acompanhou detalhadamente o mês setembro, analise até agosto do ano seguinte. Para fazer isso verifique cada item de receita e de despesa da planilha e reflita se haverá gasto durante cada um dos meses posteriores.

Alguns gastos ocorrerão todos os meses, outros não. Para os gastos que ocorrem mensalmente, mas que variam, não projete economias, insira valores realistas. Para as contas fixas, como o aluguel, tente projetar os aumentos a partir do mês de aniversário dos contratos. Para gastos que não ocorrem constantemente, insira os valores nos meses onde normalmente acontece a receita ou a despesa.

Como receitas mensais não recorrentes posso citar a restituição do imposto de renda, as férias e o 13º salário. Já para as despesas, faço referência ao IPTU, ao IPVA e outras taxas veiculares, às anuidades, às matrículas etc. São muitos os gastos, mas você já tem noção do mês em que desembolsará cada um deles e poderá verificar isso na planilha para inserir valores bem próximos dos que ocorrerão de fato. Até os gastos com presentes de aniversário podem ser projetados, de acordo com o mês de nascimento dos seus parentes e amigos.

Levantadas as informações mensais e projetadas as rendas e os gastos pelo período de um ano é possível refletir sobre as suas receitas e despesas porque você passou a ter consciência do fluxo do seu dinheiro pela planilha que conduzirá o seu orçamento. Examine se está sobrando recursos, se todas as receitas estão sendo consumidas pelas despesas ou se a projeção aponta para um grande desequilíbrio.

Caso haja dívidas em atraso, a prioridade deverá ser sair desta situação. O ideal seria não possuir dívidas porque elas normalmente vêm carregadas de juros, mas isso será fruto de análise do próximo capítulo. Mesmo que você não esteja inadimplente a leitura será importante porque ajudará a orientar parentes e amigos que pedirem dinheiro emprestado.

Capítulo 4 - DÍVIDAS

Este capítulo é direcionado principalmente àqueles que não vêm honrando o pagamento de suas dívidas, o que representa duas pessoas a cada grupo de cinco brasileiros adultos. Se você estiver com as contas em atraso o seu grande objetivo, de preferência o único, será sair desta situação. Porém, antes de partir para o enfrentamento você precisa compreender a diferença entre endividamento e inadimplência.

Endividamento e Inadimplência

Você é uma pessoa endividada? Pois bem, comumente este conceito é utilizado para designar aquele que está cheio de dívidas a ponto de não conseguir mais pagá-las. Entretanto, endividados estão todos que possuem qualquer dívida, seja um empréstimo bancário, um financiamento imobiliário ou até quem utilizou um cartão na função crédito. A dívida é adquirida quando antecipamos o consumo utilizando recursos financeiros que não são os nossos. Isso gera a obrigação para um pagamento futuro.

Quando alguém deixa de honrar o pagamento da maneira acordada ele continua endividado, mas passa a ser considerado, também, inadimplente. O principal problema das dívidas são os altos juros praticados no Brasil, mas saiba que para o inadimplente a situação pode ser ainda pior. Nos financiamentos de carros ou de imóveis, corre-se o risco de perder o bem colocado em garantia. No caso do cartão de crédito, pode-se sair de juro zero para as maiores taxas praticadas no Brasil.

Em casos de inadimplência, a pessoa se sujeita a pagar multas, juros, correções monetárias e honorários advocatícios. Também permanecerá com o nome sujo por até cinco anos, o que dificultará a concessão de novos créditos. Terminado este prazo o nome ficará limpo, mas a dívida poderá continuar sendo cobrada judicialmente.

Após esta distinção entre endividamento e inadimplência você percebeu que o problema maior não são as dívidas, mas o possível descumprimento de uma obrigação acordada inicialmente. Por isso, o nosso foco agora é enfrentar a inadimplência, depois você refletirá sobre quitar todas as dívidas porque na maioria das vezes vale a pena deixar de pagar os juros.

Para enfrentar as dívidas em atraso você precisará de dois conhecimentos principais. O primeiro está relacionado ao seu próprio orçamento para definir parâmetros, estabelecer um padrão básico de consumo e fazer sobrar dinheiro. O segundo são noções sobre dívidas para saber como administrá-las e como renegociar com os credores.

Orçamento Mínimo

Chegou o momento de refletir sobre as dívidas que não vêm sendo pagas. Isso exige mudanças importantes porque será necessário mais controle sobre as receitas e despesas para que não existam atrasos. Dependendo das circunstâncias, uma simples reorganização financeira resolverá a questão no curto prazo. Entretanto, muitas vezes será necessário não só planejar o orçamento, mas agir quanto antes e travar uma batalha.

Este é o momento de apertar o cinto, envolvendo todos que dependem da renda familiar numa importante conversa para deixar clara a situação e traçar o primeiro objetivo: Sair das Dívidas. Isso ajudará nas pequenas economias domésticas em contas como as de água e de luz e evitará maiores luxos por um tempo. Já para gerar mais dinheiro poderá ser analisada a possibilidade de aumentar as receitas, a venda de objetos de valor e bens ou até o refinanciamento de um imóvel ou de um carro. O dinheiro do 13º salário e das férias também são opções.

De todo modo, o ponto principal de análise aqui é o orçamento. No capítulo anterior você foi capacitado para diagnosticar inicialmente as finanças e projetar as rendas e os gastos por um ano. Para conseguir começar a pagar as dívidas em atraso você precisará fazer sobrar o máximo de dinheiro. Há duas possibilidades: aumentar nas receitas ou diminuir nos gastos, destacando que poderão ser feitas as duas coisas ao mesmo tempo.

Agindo assim, você verificará o percentual do seu salário disponível para acabar com a inadimplência. Quanto maior for este valor melhor, pode ser 30, 40, 50% ou mais. Porém, se o percentual alcançado for muito baixo, digamos 5 ou 10% provavelmente significará falta de esforço e comprometimento consigo mesmo. Lembre-se que o percentual destinado ao pagamento das contas mensais deve incluir as prestações de possíveis dívidas que estão em dia, a não ser que você também pretenda renegociá-las ou extingui-las, o que pode ser um caminho até interessante.

Mesmo endividado e inadimplente, você poderá direcionar uma verba para o lazer, mas tenha consciência que este é um momento atípico, que exige economias. Muita coisa poderá ser feita sem a necessidade de dinheiro ou utilizando pouco, como estar junto aos familiares e amigos, ver um filme, conversar, ler, passear, caminhar, ir à praia, andar de bicicleta e namorar. Às vezes o olho no olho e a presença são tudo o que importa.

Analisadas as receitas e as despesas durante o diagnóstico você atentará para os pagamentos atrasados, sempre tendo o seu orçamento como parâmetro. Este é um momento delicado porque você pode ter realizado muitas reduções e cortes. Acreditando na melhor das intenções e considerando uma possível fragilidade, é importante reservar uma parte do orçamento para os possíveis gastos não previstos ou situações que possam fugir um pouco do controle.

Então sugiro que 10% do orçamento sejam destinados para esses possíveis gastos não previstos. Por exemplo, se você reservaria 40% da remuneração mensal para o pagamento das dívidas, a distribuição ficaria assim: 60% para o padrão de consumo mensal; 10% para possíveis gastos não previstos; e 30% para o pagamento das dívidas. Passado o mês, caso os 10% tenham sido economizados no todo ou em parte, eles serão acumulados e utilizados em renegociações futuras.

Caso as suas remunerações sejam muito inconstantes, onde você não sabe exatamente quanto receberá ao final de cada mês, registre como salário o menor valor que você considera garantido. É importante pecar pelo excesso de conservadorismo para que não haja uma desestruturação orçamentária. Dessa maneira, assim como as sobras com os possíveis gastos não previstos, as receitas não utilizadas também irão para as renegociações futuras.

Juros

Definido o padrão básico de consumo e o percentual reservado ao pagamento das dívidas em atraso, então, aproxima-se o momento de renegociar. Contudo, antes de atacar as dívidas, você precisa conhecer e saber lidar melhor com elas, principalmente com o quesito taxas de juros.

Os juros praticados no Brasil são muitas vezes mortais, inviabilizando qualquer orçamento. As taxas cobradas no cheque especial e no cartão de crédito para pagamentos em atraso multiplicam a dívida várias vezes ao longo do ano. Em outubro de 2018, enquanto escrevo sobre o assunto, os juros médios do cartão de crédito ainda se aproximam dos 300% ao ano.

Mesmo com algumas mudanças ocorridas em abril de 2017 no rotativo do cartão de crédito, as taxas continuam absurdas nos processos de renegociação. Além disso, tem instituição que atualmente cobra quase 500% de juros anuais no cheque especial e 800% no cartão de crédito.

Mas esses valores astronômicos não se limitam ao cheque especial e ao rotativo do cartão de crédito. No final de setembro de 2018, os juros do crédito pessoal não consignado variavam de 17,44% a 1.372,71% ao ano. Considerando essa última taxa, uma dívida de R$ 500,00 se transformaria em R$ 7.363,55 ao final do primeiro ano e em R$ 108.443,74 depois de dois anos.

É preciso ter consciência sobre os juros praticados em nosso país para evitar ao máximo pagar caro pelo crédito. Uma taxa mensal de 5,95% ao mês dobra o valor da dívida em um ano. Já uma taxa de 3,44% eleva a dívida em 50% no mesmo período. Para os padrões brasileiros juros em torno de 1,5% ao mês para um empréstimo pessoal seriam considerados muito baixos, apesar de aumentar a dívida em quase 20% ao ano.

As menores taxas ocorrem quando são dadas garantias às instituições financeiras. Isso acontece quando o empréstimo é descontado direto na folha de pagamento, que são os consignados, onde em tese o banco tem a garantia de que o cliente não terá como deixar de pagar a prestação. Outra forma de obter menores taxas é através de financiamentos, quando um bem físico é disponibilizado, como um veículo ou um imóvel. Essas são as menores taxas, mas ainda assim poderá significar um mau negócio.

Entretanto, para quem já está endividado, desses últimos tipos de empréstimo pode surgir uma oportunidade de garantir uma taxa interessante para renegociar todas as dívidas de uma vez, substituindo-as por apenas uma, pagando juros mais baixos. No caso de servidores públicos que já possuem empréstimos consignados vale a pena, inclusive, pesquisar outros bancos que queiram refinanciá-los em melhores condições e fazer a portabilidade das dívidas. Para quem tem um carro, uma casa ou um apartamento quitado pode ser interessante fazer o refinanciamento com o objetivo claro de quitar as dívidas e se manter dentro de um planejamento inteligente.

Contudo, todo cuidado é pouco na hora de refinanciar um imóvel. Se você pegar mais dinheiro do que o necessário e gastar como vinha fazendo antes de se organizar acabará perdendo este bem no futuro. Outro risco é negociar com um imóvel ainda não quitado porque tentarão te convencer a refinanciar comprando a dívida a juros mais elevados do que os do seu atual financiamento, o que será desvantajoso do ponto de vista dos juros e do Custo Efetivo Total, que também engloba taxas e impostos, que serão cobrados novamente.

Antes de partir para a renegociação você precisará classificar e ordenar as suas dívidas com base em dois critérios principais, que são a essencialidade do bem ou do serviço e o custo da dívida.

Alguns serviços são essenciais para todos, como o fornecimento de água e de energia elétrica, mas ainda assim pode haver economia. Já outros gastos, além de reduzidos, podem ser cortados ou substituídos, temporária ou definitivamente dependendo da situação individual. Por exemplo, um carro financiado pode ser substituído pelo transporte público individual ou coletivo.

Quanto ao valor da taxa que compõe a dívida, deve ser considerado o seu custo. Não é o Custo Efetivo Total do empréstimo quando você acordou inicialmente o crédito, mas o que estão te cobrando pela renegociação em relação à dívida atual isenta de juros e taxas, isso gera outro percentual de Custo Efetivo Total. Mas para simplificar, se você considerar simplesmente a taxa de juros não deve haver variação na classificação das suas dívidas de acordo com os custos.

Renegociação

Para renegociar as dívidas em atraso é preciso fazer um levantamento inicial do total de quanto se está devendo. Isso porque desde quando você passou para a categoria de inadimplente a sua dívida possivelmente aumentou por causa dos custos da quebra do contrato firmado no começo. Como já expliquei, são as multas, os juros, as correções monetárias e os honorários advocatícios.

É importante se dirigir presencialmente, pelo telefone ou pela Internet a cada um dos credores para solicitar um resumo sobre a situação atual das suas dívidas. Você deve conhecer e em caso de dúvidas questionar sobre o valor do empréstimo concedido e o Custo Efetivo Total inicial; o número de prestações e o total já pago; o número de prestações e o total da dívida em atraso, considerando o detalhamento dos custos; o número de prestações ainda não vencidas; e o montante, caso a dívida seja quitada na presente data, com informações sobre os juros e qualquer outro custo.

Deixe claro para os credores que você está fazendo um levantamento inicial das suas dívidas e que pretende iniciar um processo de renegociação em breve. Entretanto, guarde segredo sobre o valor que tem disponível mensalmente para o pagamento total de suas dívidas. Informe que está estudando as possibilidades e que priorizará os credores que oferecerem os maiores descontos sobre o total das dívidas e sobre as taxas de juros, o que de fato será verdade, caso haja uma grande vantagem.

De todo modo solicite uma proposta para regularizar o empréstimo e outra para a quitação total da dívida com desconto. Mesmo que você não tenha dinheiro suficiente para o pagamento à vista é importante fazer o segundo pedido. Caso haja uma boa oferta, isto servirá de barganha para renegociar o pagamento parcelado. Você poderá até se surpreender e já ter os recursos para pôr o empréstimo em dia ou quitá-lo a partir da venda de algum objeto de valor, utilizando o 13º salário, as férias ou outros valores acumulados.

Após este primeiro contato com os credores já é possível começar a estudar as estratégias e as atitudes necessárias para a organização das suas dívidas. Insira os valores dos montantes na Planilha de Planejamento e Controle Orçamentário. Isso deve ser feito na parte das Dívidas Totais, separando as dívidas adimplentes (das linhas 150 a 155), das dívidas inadimplentes (das linhas 158 a 163). Como você está em processo de renegociação os valores ainda poderão ser alterados, entretanto, a planilha já vai calculando o somatório de todas as dívidas.

Você também poderá simular o pagamento de prestações mensais referentes a todas as dívidas acordadas de uma vez, utilizando a mesma planilha, das linhas 35 a 40, verificando, inclusive, quanto é desembolsado nos meses posteriores e quando cada dívida será quitada. Caso os valores fiquem abaixo do seu limite de pagamento, contenha a euforia, pois ainda poderá haver margem para a redução nos valores dessas dívidas. Por outro lado, se as possíveis prestações extrapolarem muito a sua capacidade orçamentária, talvez seja necessário priorizar o pagamento por partes, começando pelas dívidas que possuem juros maiores.

Apenas faço uma ressalva para dívidas que possuem juros impagáveis e que foram carregadas ao longo do tempo. Se a sua dívida já dobrou ou triplicou em relação ao valor inicial busque uma redução substancial superior à metade ou uma aproximação ao crédito inicial. Caso contrário parta para o pagamento de outra dívida. Não adianta ficar alimentando uma bola de neve que não terminará nunca apenas utilizando a lógica de que é a dívida com a maior taxa de juros. Se a dívida é impagável, simplesmente não a pague neste momento. Você não vai ficar inadimplente para sempre. Estará apenas buscando uma condição justa.

Agora reflita bem antes de tomar esta atitude. Essa orientação não vale para uma dívida menor, que você possa pagar toda de uma vez, pois se adiar a liquidação estará sendo criado outro problema para o futuro, quando ela tomará uma proporção realmente impagável. Por exemplo, você utilizou um crédito de R$ 30 ou R$ 50, essa dívida triplicou para R$ 90 ou R$ 150 e o banco não quer renegociar. Se você tiver condições, é mais prático pagar logo e tomar uma lição de que os juros das dívidas se multiplicam de forma muito rápida.

Levantadas as dívidas que você pretende renegociar e analisadas do ponto de vista do seu orçamento, é o momento de voltar a procurar os credores para fechar um novo acordo. Não priorize "prestações que caibam em seu bolso". Isso poderá significar taxas de juros maiores e passar mais tempo pagando empréstimos. O objetivo é ser responsável e tentar sair quanto antes da situação de dívidas para poder voltar a organizar o orçamento pensando em outras prioridades para o presente e em novos objetivos para o futuro.

Busque utilizar o limite mensal estabelecido em seu orçamento, pagando a menor taxa de juros e no menor tempo possível. Caso você não tenha acesso aos juros menos caros, como parâmetro para a renegociação, não aceite pagar nada superior a 6% ao mês, considerando o Custo Efetivo Total e evite ultrapassar o limite de 24 prestações. Para você ter uma ideia, uma dívida de R$ 20.000,00, renegociada a uma taxa de 6% ao mês, em 24 meses, teria uma prestação fixa de R$ 1.593,58. Ao final de dois anos seria pago R$ 38.245,92, ou seja, 91,2% a mais que o valor inicial renegociado.

Já uma dívida igual renegociada em 8 anos com a mesma taxa de juros teria uma prestação mais baixa, de R$ 1.204,48. Mas observe que apesar de 8 anos equivaler a quatro vezes o período de 2 anos, a diferença entre os valores das prestações ficou relativamente próxima. Entretanto, ao final dos 96 meses as prestações pagas totalizariam R$ 115.630,10, ou seja, 478% superior aos R$ 20.000,00 do crédito inicial. Por isso, tenha muito cuidado com a taxa e com o tempo. Atente, também, para nunca assinar nada antes de compreender exatamente o que está prestes a acordar.

As dívidas fazem referência a decisões tomadas no passado. Por algum motivo você resolveu antecipar um consumo e provavelmente pagou juros por isso. Agora poderá fazer o contrário, antecipar o pagamento de parcelas e reduzir os gastos com juros. Existe a possibilidade de utilizar os 10% destinados aos gastos não previstos que foram acumulados de meses anteriores e as folgas no orçamento provenientes das dívidas já quitadas.

Dependendo do nível de endividamento será determinado o tempo até a quitação total das dívidas ou pelo menos daquelas que possuem os juros maiores, caso você decida não antecipar, por exemplo, o pagamento de possíveis financiamentos. Para argumentar contrariamente a este último ponto, no próximo capítulo serão analisados aspectos relacionados à aquisição do imóvel.

Capítulo 5 - IMÓVEL

A aquisição do imóvel impactará no orçamento familiar, podendo refletir no padrão de consumo presente e na conquista dos objetivos de curto, médio e longo prazo. Por isso o assunto merece este capítulo específico, que compreenderá a compra à vista e financiada, o aluguel e o consórcio.

Compra do Imóvel à Vista

A primeira avaliação que você tem que fazer é até que ponto vale a pena comprar um imóvel nos dias de hoje, pensando este enquanto um investimento. Há algumas décadas era comum pagar mensalmente mais de 1% do valor do imóvel por seu aluguel. Entretanto, após grande valorização nos preços ocorrida a partir de 2004, atualmente, a razão entre o preço de locação e o preço de venda, que caracteriza a taxa de aluguel gira em torno de 0,4%, podendo chegar a 0,2%, dependendo do Estado e da configuração do imóvel. Nestes casos, representaria uma renda entre 2,4 e 4,9% ao ano, o que é muito baixa, e o proprietário ainda teria que pagar os custos da compra, do imposto de renda do aluguel e do IPTU, lidar com o inquilino, evitar a inadimplência e a vacância e manter a conservação predial.

Após esta grande valorização você perceberá friamente que, de maneira geral, mesmo com dinheiro para o pagamento à vista, trata-se de um mau negócio comprar imóveis nos atuais preços porque seria muito mais vantajoso alugar e deixar o dinheiro principal rendendo. Essa não é uma análise definitiva, pois dependendo do preço praticado no mercado de aluguéis e da comercialização dos imóveis o contexto pode mudar de médio a longo prazo, trazendo desvalorização dos imóveis frente à inflação e maiores oportunidades de compra para o investidor ou para aquele que pretende comprar para morar.

Por outro lado, fazendo uma análise mais subjetiva, a cultura do brasileiro de que quem casa quer casa muitas vezes foge da racionalidade financeira e entra no campo emocional, de possuir algo próprio. Ainda que este próprio seja propriedade de uma instituição financeira, fruto de um empréstimo. O financiamento seria vantajoso caso tivéssemos taxas de juros de países desenvolvidos, entretanto, essa não é a nossa realidade.

O máximo que conseguimos são taxas de financiamento de programas sociais e subsídios governamentais restritos a faixas salariais mais baixas, que em algumas situações podem ser vantajosas devido ao nosso contexto econômico e ao desvio de finalidade muitas vezes verificado na prática. Ao invés de fazer vistas grossas, o governo deveria fiscalizar periodicamente quem realmente está morando nos bens, seja porque "comprou" ou alugou indevidamente essas habitações e rescindir os contratos.

Você já sabe que é desvantajoso financeiramente comprar um imóvel mesmo com dinheiro à vista, contudo, é uma decisão que cabe respeito porque existe todo um contexto cultural, de acomodação e de análise do custo x benefício, de acordo com a condição financeira particular. Por outro lado, quando se trata de adquirir um imóvel sem ter o dinheiro, aí a coisa complica mais. Por isso, falarei um pouco da possibilidade de financiamento e depois sobre consórcio.

Financiamento x Aluguel

Imagine a situação onde um casal pretende comprar um imóvel no valor de R$ 500 mil. No primeiro caso, simularei uma compra financiada. Já no segundo evento, será utilizado o mesmo valor do financiamento para pagar uma moradia de aluguel gastando uma parte do dinheiro, enquanto o restante renderá até o momento de realizar a compra à vista.

Para a primeira simulação, o banco exige uma entrada de pelo menos 20%, ou seja, R$ 100 mil, podendo financiar até R$ 400 mil em 35 anos. Caso eles optem pelo financiamento dos R$ 400 mil, a título de exemplo, será cobrado um Custo Efetivo Total de 9% ao ano, já inclusos o seguro e a TR, mas sem considerar a taxa de avaliação do imóvel. O banco trabalha com o modelo do Sistema de Amortização Constante, aquele aonde o valor vai decrescendo. Dessa forma, a prestação inicial é de R$ 3.835,51. Apesar da redução ao longo do tempo, até o final dos 35 anos, o casal pagará mais de R$ 1 milhão pelo imóvel.

Na segunda simulação, o casal alugará um apartamento já nos padrões dos R$ 500 mil por R$ 2.000,00 mensais, que é referente a 0,4% do valor do imóvel e investirá R$ 1.835,31 até alcançar o necessário para a compra à vista, no mesmo valor corrigido pela inflação. Dessa forma, após 16 anos e 6 meses investindo em Renda Fixa ou 13 anos e 5 meses investindo em Renda Variável, começando do zero, seria possível obter dinheiro suficiente para esta aquisição.

Agora, compararei as simulações. Financiamento x Investimento em Renda Fixa. Como no financiamento a prestação é decrescente, até os 16 anos e 6 meses o casal teria desembolsado R$ 625.520,53, contra R$ 759.391,38, referente aos R$ 1.835,31 que são fixos, ou seja, 21,4% a mais. Entretanto, optando pelo financiamento, eles ainda pagariam R$ 381.336,06 até o final dos 35 anos. Enquanto isso, quem optou por investir em Renda Fixa passou a não dever mais nada e agora, como não paga mais aluguel pode investir R$ 3.835,31 mensalmente, ainda pela Renda Fixa a partir dos 16 anos e 7 meses até atingir R$ 1.229.888,46, corrigidos pela inflação no final do período que seria o do financiamento. Além disso, apenas aqueles R$ 100 mil não utilizados como entrada geraria um total de R$ 374.678,79 em valores reais.

O Financiamento x Investimento em Renda Variável segue a mesma lógica. Até os 13 anos e 5 meses o casal teria desembolsado R$ 529.075,11, contra R$ 617.484,91, referente aos R$ 1.835,31 que são fixos, neste caso, 16,7% a mais. Entretanto, optando pelo financiamento, eles ainda pagariam R$ 477.781,49 até o final dos 35 anos. Enquanto isso, quem optou por investir em Renda Variável passou a não dever mais nada e agora, como não paga mais aluguel pode investir R$ 3.835,31 mensalmente pela Renda Variável a partir dos 13 anos e 6 meses até atingir R$ 2.445.863,67, corrigidos pela inflação no final do período que seria o do financiamento. Além disso, apenas aqueles R$ 100 mil não utilizados como entrada geraria um total de R$ 1.338.027,97 em valores reais.

Consórcio Imobiliário

O consórcio é um produto inventado no Brasil feito sob medida para um consumidor que não possui educação financeira. No caso dos imóveis, tudo começa com uma instituição financeira propagando um "excelente" negócio, onde o cliente não pagará juros. Sua função é agrupar pessoas que tenham a mesma intenção de adquirir um determinado bem. Apesar de não haver juros, existe um custo de participação, que pode incluir Taxa de Administração, Análise Jurídica, Fundo de Reserva, Seguro e Correção da Inflação após a Contemplação.

Normalmente o valor total cobrado de cada cliente somente com a Taxa de Administração é superior aos 20% do valor do bem. Isso significa que para cada cinco pessoas que fazem um consórcio de mesmo valor a instituição financeira recebe o equivalente a um imóvel. Para cada grupo com trezentas pessoas, por exemplo, a instituição receberá o equivalente a sessenta. Para um banco isso é perfeito, pois há pouco risco e os custos fixos de administração são diluídos em muitos grupos. Em caso de inadimplência ela toma o bem (se o cliente já o tiver obtido) ou simplesmente impede a contemplação.

A taxa de administração nunca é devolvida. Diferentemente dos juros dos empréstimos que devem ser suprimidos se o pagamento for antecipado, nos consórcios, em caso de antecipação por lance os valores mensais serão calculados e deverão ser pagos. Se o cliente fizer um consórcio e der um lance de 50% do valor do bem, as taxas de administração mensais da metade das prestações antecipadas estarão incluídas nesse lance. Caso seja contemplado, na prática, é como se ele tivesse dobrado a taxa de administração porque pagou por meses futuros que não existirão mais. Já se o lance for de 2/3 do valor do bem, significará o triplo da taxa de administração. A instituição financeira adora receber "lances vencedores" porque isso reduzirá o seu trabalho e elevará a sua receita.

Ao contratar um consórcio, o cliente conta apenas com uma expectativa de que quando sorteado receberá uma carta de crédito, por isso este negócio não pode ser considerado um financiamento. Dependendo da sorte ou do azar, isso ocorrerá no início ou no final. Mas além de começar a pagar por algo sem saber quando irá receber, após a contemplação poderá ser cobrada uma análise jurídica para a aquisição do imóvel e as parcelas passarão a sofrer correção da inflação, que normalmente é calculada pelo Índice Nacional de Custo da Construção – INCC, medido pela Fundação Getúlio Vargas. Considerando, por exemplo, o período do início de 2008 ao final de 2017, quem tivesse investido num consórcio e fosse contemplado logo no início, teria uma correção pelo INCC de 96,14%, ou seja, a fatura praticamente dobraria. Essa oscilação inflacionária é um risco à capacidade financeira de pagamento ao longo do tempo.

O consórcio é vendido sob a lógica de uma poupança forçada, entretanto, reflete a falta de conhecimento das pessoas que não sabem investir o seu dinheiro. Ao invés de pagar custos administrativos e a correção da inflação, poderia se planejar para alcançar o seu objetivo de forma mais rápida ou realizar mais objetivos no mesmo horizonte de tempo.

De todo modo, caberá apenas a você decidir por comprar um imóvel à vista, financiado, fazer um consórcio ou morar de aluguel. Claro que esta decisão de fazer ou manter um empréstimo comprometerá em maior ou em menor grau os gastos. No próximo capítulo você julgará o que realmente importa para você organizar o seu orçamento e como procederá, considerando o conhecimento já adquirido e novos pontos para a sua reflexão. O meu papel não é tomar as decisões por você, mas fazer por onde as adaptações ocorram de acordo com os seus direcionamentos.

Capítulo 6 - PLANEJAMENTO

Esta obra está sendo construída com o intuito de gerar o maior nível de conhecimento e de consciência possível. Você já aprendeu a calcular matematicamente como conquistar objetivos; estudou a Planilha de Planejamento e Controle Orçamentário; diagnosticou o fluxo do dinheiro ao longo de um ano; possivelmente lidou com as dívidas; e compreendeu mais sobre os impactos da compra de um imóvel.

Tudo isso será ponderado para deixar a organização do seu orçamento com personalidade própria. Neste capítulo, acrescentarei novos assuntos e retomarei itens já abordados para uma melhor compreensão, análise e definições. Tratarei sobre patrimônio, receitas e assuntos relacionados às despesas, como as possíveis dívidas remanescentes, o ato de doar, os gastos não previstos, o padrão de consumo e os investimentos. A intenção é que você reflita sobre o que faz sentido e defina aspectos práticos.

Durante o planejamento serão considerados os seus desejos iniciais e os ajustes à realidade, de acordo com os seus limites de gastos. Para facilitar ainda mais o processo de ensino-aprendizagem serão apresentados modelos práticos de organização do orçamento.

Patrimônio e Receitas

O que determinará até que ponto você esticará o seu padrão de consumo será a remuneração do seu trabalho e as suas propriedades. Dependendo principalmente das rendas financeiras, que geram um fluxo mensal no orçamento, você manterá uma excelente qualidade de vida e investirá para atingir todos os seus objetivos.

Você assinalará como Receitas Mensais os valores financeiros que entrarão na planilha de Planejamento e Controle Orçamentário a serem utilizadas nas Despesas Mensais para manter o seu padrão de consumo ou para alcançar os objetivos. Dessa forma, o montante do seu patrimônio não deve ser considerado receita, a não ser que seja referente a algo que você tenha vendido e já esteja com o dinheiro disponível para utilizar enquanto despesa.

Seguindo a mesma lógica, os juros e os proventos dos investimentos serão considerados receitas apenas se utilizados para o pagamento de despesas mensais. Quando os valores são reinvestidos nas próprias aplicações financeiras, contabiliza somente como parte dos Investimentos Totais (das linhas 133 a 142 da planilha) porque ainda não será utilizado no todo ou em parte dentro do mês para os gastos.

Normalmente, as principais receitas são as provenientes do trabalho. Você informará a remuneração bruta na planilha porque é preciso conhecer o impacto do imposto de renda e do INSS sobre o total do que você recebe. Quando o valor do salário é constante ao longo dos meses fica mais fácil o planejamento das suas receitas. No caso dos servidores públicos ainda existe a garantia da estabilidade, apesar destes não terem direito ao FGTS.

Trabalhar com uma remuneração inconstante dificulta um pouco o planejamento porque não há uma previsão clara no fluxo do dinheiro ao longo dos meses. Nessas situações, o ideal é se planejar utilizando como remuneração o menor valor que você considera garantido receber mensalmente. Os seus objetivos terão prazos um pouco mais longos, mas poderão ser antecipados à medida que as sobras de receitas acontecerem.

Dívidas Remanescentes

No tocante às despesas, o primeiro ponto a ser considerado são as possíveis dívidas remanescentes. Não irei remoer o tema porque já expliquei sobre os juros praticados no Brasil. Em última análise, você concluindo que é vantajoso manter um empréstimo, seja do ponto de vista financeiro ou qualquer outro, então, o gasto da parcela será considerado dentro do planejamento orçamentário.

Doações

A doação é outra despesa mensal a ser considerada. O ato não necessariamente tem cunho religioso, nem precisa ser estabelecido a partir de um percentual da remuneração. Na verdade, ele pode ser classificado como facultativo.

Muitas vezes a ação de doar não é praticada sob os argumentos de que já pagamos muitos impostos; de que há desvios, má gestão, corrupção; ou simplesmente porque precisamos possuir uma vida melhor antes de pensar em ajudar o próximo. Você terá duas opções: a primeira é utilizar um discurso fácil para se convencer a deixar este assunto para lá; a segunda é buscar se importar um pouco mais com a realidade das pessoas.

Por outro lado, se você doa apenas para contribuir com o próximo, a sua atitude está incompleta. Isso porque você não está considerando os benefícios pessoais da satisfação em ajudar. Ao observar o comportamento de quem está recebendo, a gratidão pode te deixar até sem graça. É um exercício que envolve muita humildade no próprio gesto porque em algumas situações as pessoas até se assustam ao receber cédulas de cinco ou dez reais, pois estão acostumadas apenas às moedas.

Lembre-se que doar é uma "transferência gratuita". Você até pode definir quanto, como e para quem irão os recursos, seja uma pessoa, uma família ou uma instituição, só não deve propagar às pessoas em geral o quanto está doando mensalmente, nem mesmo o percentual que representa da sua remuneração, porque aí deixa de ser doação e passa a ser um investimento em marketing pessoal. Fazendo publicidade, dificilmente você dará o real sentido à ação. Além disso, tenha consciência de que nunca fará o suficiente e não se martirize por isso.

Caso você resolva não fazer esta contribuição, desconsidere a análise, mas se decidir doar mensalmente, então, defina qual será o valor. Ainda que seja um percentual do salário transforme em valor financeiro para que seja inserido na planilha durante a organização do seu planejamento.

Gastos não Previstos

Inserir como despesa os possíveis gastos não previstos é uma boa forma de manter o orçamento dentro do que foi planejado. Durante o capítulo que tratou das dívidas sugeri que 10% do orçamento fossem destinados a esses possíveis gastos. Naquela ocasião os valores não utilizados em cada mês seriam direcionados às renegociações.

Para essa nova etapa do planejamento, você terá a opção de manter este percentual, entretanto, os valores não consumidos irão antecipar a execução dos seus objetivos ou serão utilizados de imediato como quiser já no mês seguinte. Por outro lado, se você precisar cobrir um gasto emergencial superior aos 10% do orçamento destinados aos possíveis gastos não previstos é possível utilizar os recursos de algum dos objetivos, ainda que isso implique adiar um pouco mais a sua realização.

Você também poderá decidir formar e manter uma reserva de emergência como objetivo de curto prazo, o que não recomendo porque demandam tempo e esforço por algo que provavelmente não utilizará, mas se precisar existirão os recursos que iriam para os objetivos. A reserva de emergência acaba tirando os seus reais objetivos do foco do planejamento. Considerando, por exemplo, um padrão de consumo que comprometesse 70% das rendas, ainda que os 30% restantes do orçamento fossem destinados mensalmente para a formação de uma reserva de emergência equivalente a seis meses deste consumo, demoraria mais de um ano até completar o dinheiro necessário.

Padrão de Consumo e Investimentos

É preciso ter clareza sobre as despesas relacionadas ao padrão de consumo e aos investimentos. Provavelmente esses serão os gastos de maior peso do orçamento, por isso deverão ser estabelecidos e controlados com precisão, dentro dos valores estabelecidos por você durante a organização.

De acordo com as receitas disponibilizadas aos gastos, o padrão de consumo determinará a qualidade de vida sua e da sua família no presente. Já os investimentos trarão momentos de satisfação e melhorarão ainda mais a vida no futuro, sempre que os objetivos forem alcançados.

Mas o que considerar agora para determinar a qualidade de vida presente e os objetivos futuros? Primeiro visualize as suas receitas atuais, depois volte a pensar a respeito do primeiro parágrafo da Introdução, quando fiz uma série de perguntas, que repetirei a seguir:

Você tem qualidade de vida? Possui um padrão mínimo de consumo que proporcione bem-estar para você e para a sua família? Como anda o seu ritmo de trabalho? Está "sobrando" tempo para a família e os amigos? Cuida da sua saúde física e emocional? Quais são os seus hobbies? Quais são os seus sonhos e os da sua família? O que é riqueza para você?

Reflita sobre as respostas para cada um destes questionamentos de acordo com o nível de importância estabelecido por você e por sua família. Muita coisa talvez não seja possível realizar no tempo presente, mas será planejada para o futuro. Sempre que possível, procure envolver todos que dependem da renda familiar no processo de planejamento, pelo menos na definição de alguns objetivos.

Definições Pessoais

Neste momento será feito um novo diagnóstico para verificar a possibilidade de estabelecer a qualidade de vida e os investimentos como desejados. Utilize a Planilha de Planejamento e Controle Orçamentário para inserir as rendas e os gastos mensais dos valores relacionados ao padrão de consumo, aos objetivos, às possíveis dívidas remanescentes, doações e gastos não previstos. Caso alguma dessas despesas não se enquadre em seu planejamento a desconsidere. Depois disso, repita a atividade de projetar o orçamento pelo período de um ano para verificar se todas as despesas se enquadram no limite de suas receitas mensais.

Uma análise negativa apontará para o desequilíbrio da sua vida financeira, o que deve ser contornado a partir de uma equalização, aumentando as receitas ou diminuindo as despesas. O fato é que pelo menos no momento atual você não tem uma robustez orçamentária suficiente para arcar com todos os gastos projetados, por isso, terá que se ajustar à sua realidade.

Já uma possível avaliação positiva significa que você está de parabéns. Se ainda verificar folga no orçamento haverá a opção de aumentar qualquer uma das despesas. No caso dos objetivos, por exemplo, algum poderá ser antecipado ou planejado outro. De todo modo, o mais importante é que a organização do orçamento estará praticamente pronta para a execução.

Modelos Práticos

Acredito que agora você já tenha plenas condições de organizar o seu orçamento sozinho. Entretanto, para uma melhor orientação prática, seguem alguns modelos individuais ou familiares com possíveis ajustes do planejamento à organização do orçamento. Os detalhamentos ajudarão às suas tomadas de decisão.

Situação Hipotética 1

Patrimônio Total: R$ 50.000,00 referentes a um veículo.

Receitas Mensais Totais: R$ 8.000,00

Padrão de Consumo Presente: R$ 5.000,00 (62,5%)

Dívidas Remanescentes: R$ 0,00 (0%)

Doações: R$ 400,00 (5%)

Gastos Não Previstos: R$ 800,00 (10%)

Objetivos: R$ 1.503,36 (18,79%)

Despesas Mensais Totais: R$ 7.703,36 (96,29%)

Avaliação Inicial

A família está satisfeita com a remuneração atual e planeja ser independente financeiramente recebendo os mesmos R$ 8.000,00 mensais em valores reais após 25 anos, investindo em Renda Variável. Eles observam que o montante necessário para este objetivo específico será de R$ 1.296.000,00 (8.000 x 162) e a prestação mensal de R$ 1.503,36 (1.296.000 x 1,16), exatamente o valor que foi inserido nos Objetivos.

Considerações

Ainda existe uma diferença entre as receitas e as despesas mensais de R$ 296,64 (R$ 8.000,00 – R$ 7.703,36) que podem ser utilizadas para outros objetivos. Em cinco anos, por exemplo, é possível atingir em valores reais quase R$ 20 mil, investindo em Renda Fixa. Além disso, é importante relembrar que as sobras mensais dos R$ 800,00 destinados aos possíveis gastos não previstos também poderão ser utilizadas a partir do mês posterior para antecipar os objetivos.

Situação Hipotética 2

Patrimônio Total: R$ 400.000,00 referentes a um imóvel e um veículo.

Receitas Mensais Totais: R$ 30.000,00

Padrão de Consumo Presente: R$ 10.000,00 (33,33%)

Dívidas Remanescentes: R$ 0,00 (0%)

Doações: R$ 3.000,00 (10%)

Gastos Não Previstos: R$ 3.100,40 (10,33%)

Objetivos: R$ 13.899,60 (46,33%)

Despesas Mensais Totais: R$ 30.000,00 (100%)

Avaliação Inicial

A pessoa pretende gastar apenas um terço do salário porque está completamente satisfeita com a sua qualidade de vida planejada e muito feliz com o trabalho que exerce. A sua independência financeira está projetada para daqui a 20 anos, mas ela ainda não sabe se realmente largará a profissão. O padrão de consumo desejado para o futuro é de R$ 12.000,00 em valores reais, investindo em Renda Fixa. Para alcançar o valor deste objetivo, o montante necessário será de R$ 3.816.000,00 (12.000 x 318) e a prestação mensal de R$ 10.684,80 (3.816,000 x 2,80).

Apesar das férias semestrais, existe o planejamento para apenas um gasto de R$ 20 mil da sua viagem anual à Europa (prestação mensal de R$ 1.638,00). Outro planejamento que se renova é alcançar R$ 60 mil para somar ao valor de mercado do seu veículo e trocá-lo a cada três anos (prestação mensal de R$ 1.576,80). Já as sobras mensais dos mais de R$ 3 mil para os possíveis gastos não previstos normalmente são redirecionadas ao mês exatamente posterior para potencializar o lazer, na medida do possível.

Considerações

Neste caso a sugestão de ajuste está relacionada ao tipo de investimento de longo prazo para alcançar a independência financeira. Se houver um aprofundamento nos conhecimentos para investimento em Renda Variável é possível que o esforço mensal caia dos atuais R$ 10.684,80 para R$ 3.557,52. Dessa forma, seria possível alcançar a independência financeira em menos tempo, além de poder viajar semestralmente para onde quiser, gastando muito mais.

Observação

A destinação do dinheiro para as despesas mensais é subjetiva. Não cabe a qualquer pessoa estranha julgar os valores ou a frequência alheia utilizada em viagens, em lazer ou na troca de carros, como foi apresentado neste exemplo. A questão é saber se isso configura uma necessidade pessoal ou familiar e se há planejamento e controle no orçamento para tais comportamentos. Mesmo com toda a possível "extravagância" (pensamento que estará presente na cabeça de alguns), mensalmente está sendo destinado R$ 3.000,00 para as doações, o que também nem deve ser encarado como exigência.

Situação Hipotética 3

Patrimônio Total: R$ 0,00 (0%)

Receitas Mensais Totais: R$ 2.500,00

Padrão de Consumo Presente: R$ 1.714,44 (68,58%)

Dívidas Remanescentes: R$ 0,00 (0%)

Doações: R$ 100,00 (4%)

Gastos Não Previstos: R$ 300,00 (12%)

Objetivos: R$ 385,56 (15,42%)

Despesas Mensais Totais: R$ 2.500,00 (100%)

Avaliação Inicial

O casal não parece muito satisfeito com a qualidade de vida presente, mas pretende chegar à sua independência financeira recebendo R$ 7.000,00 mensais em valores reais e está feliz por ter calculado que este objetivo será conquistado em 40 anos, investindo em Renda Variável. Para alcançar o valor deste objetivo, o montante necessário será de R$ 1.134.000,00 (7.000 x 162) e a prestação mensal de R$ 385,56 (1.134,000 x 0,34).

Durante o diagnóstico foi observado que os gastos não previstos poderiam comprometer boa parte da reserva mensal, por isso, alguns valores do Padrão de Consumo Presente acabaram sendo um pouco superestimados e o percentual utilizado como referência para os possíveis gastos não previstos foi fixado em 12%. A sobra será utilizada em gastos sem maiores programações porque, como o dinheiro é limitado, há apenas o planejamento da independência financeira.

Considerações

Não alegarei que o planejamento está errado porque quem deve fazer essa avaliação é a própria família. Apenas observo que ainda existe uma situação de desconforto com a qualidade de vida presente, que a independência financeira está projetada para um horizonte muito distante e não há outros objetivos em prazos menores.

Pode ocorrer da remuneração ainda ser insuficiente para manter uma qualidade de vida mínima desejada para o presente ou planejar objetivos em horizontes de tempo menores. Talvez seja interessante utilizar parte do orçamento que iria para a independência financeira em estudos e qualificações que proporcionem melhores remunerações no curto ou médio prazo. Perseguir a melhor formação proporcionará um crescimento das receitas capaz de satisfazer o padrão de consumo e investir para alcançar mais objetivos em menos tempo.

Observação

Este exemplo é importante porque aponta para a possibilidade de se fazer alterações em objetivos já estabelecidos, o que pode ser realizado inclusive durante o processo de execução do planejamento. O motivo pode estar vinculado a uma variação nas receitas, nas despesas ou a uma mudança de concepção pessoal ou familiar. Você poderá modificar qualquer coisa do que ponderou anteriormente porque, assim como as pessoas mudam, os planos também poderão ser alterados. Os ajustes dos objetivos fazem parte deste processo, mas tenha bom senso para que haja um direcionamento correto, principalmente no longo prazo.

Após essa jornada inicial, você adquiriu o conhecimento necessário para organizar o seu orçamento pessoal ou familiar. Agora seguirá com a Parte 2 do livro, verificando investimentos em Renda Fixa e em Renda Variável e definindo onde investir e onde evitar a aplicação do dinheiro. Isso será importante para que os seus objetivos se concretizem até as datas estabelecidas.

PARTE 2 - INVESTIMENTOS

Capítulo 7 - PRESSUPOSTOS

A Coleção Educação Financeira Pessoal foi apresentada logo no início da leitura, contudo, gostaria de reforçar o seu real propósito: ensinar os brasileiros a investir de fato por conta própria com conhecimento, consciência crítica e decisões inteligentes. Isso inclui saber selecionar ações de qualidade (livro 2) e administrar a carteira de investimentos (livro 3), mas inicia com a presente abordagem, por um lado introdutória, mas por outro reflexiva sobre os investimentos, o que é fundamental para nortear o caminho a ser trilhado ou o mar a ser navegado.

Começarei este capítulo indicando outras fontes de conhecimento para reforçar ou contrapor alguns dos meus posicionamentos desta e das próximas publicações. Posteriormente, abordarei atitudes e comportamentos que resultarão num correto aprendizado sobre os produtos disponibilizados no mercado financeiro.

Nos próximos capítulos selecionarei as duas melhores formas de investir, considerando os riscos e o custo x benefício. Em Renda Fixa, os títulos do Tesouro Nacional, comprados a partir do Programa Tesouro Direto. Já em Renda Variável, as ações negociadas pela Bolsa de Valores de São Paulo, atualmente denominada Brasil Bolsa Balcão ou, simplesmente, B3.

Depois falarei sobre previdência e outros investimentos disponíveis atualmente no Brasil. Selecionarei aqueles mais propagados ou que por algum motivo tem maior demanda. Serão explicadas as suas vantagens e desvantagens e a possível desnecessidade da aplicação, considerando os riscos, o custo x benefício e a possibilidade de descomplicar.

Adianto que não pretendo ser imparcial em minhas abordagens porque o meu objetivo é ser honesto. Isso significa que muitas vezes contextualizarei algum conteúdo e me posicionarei a respeito. Entretanto, devido à subjetividade, espero que você seja bastante crítico na leitura. Questione sempre, busque novas fontes de informação, de preferência as primárias, como as próprias regulamentações e sites oficiais, e pontos de vista diferentes.

Se você tomar minha escrita como verdade pura e acreditar sem reflexão em tudo o que eu te disser pode ter certeza que todas as informações apresentadas aqui não serão úteis. Afirmo isso porque quando surgirem novos aprendizados o mesmo comportamento passivo se repetirá e a presente construção será descartada. Por isso, é preferível uma postura crítica, que procure a comprovação, a comparação, a própria compreensão e novas indagações. Dessa forma, após um tempo, com certeza a sua inteligência financeira estará muito mais apurada.

Fontes de Conhecimento

Quando resolvi escrever sobre investimentos voltei a ler boa parte do material que já possuía e adquiri muito mais. Também passei a acompanhar sites, blogs e canais do YouTube para analisar quais eram as dúvidas e as necessidades de quem queria aplicar o seu dinheiro.

Contudo, os exemplares da Coleção Educação Financeira Pessoal não estão perto de esgotar a temática, nem pretendem se transformar em conhecimento hegemônico. Por isso, não se prenda simplesmente aos conteúdos aqui disponibilizados, busque novas informações, inclusive as divergentes. Dessa forma, sugiro vários livros que podem ser comprados e outros conteúdos de acesso gratuito pela Internet.

Livros:

1. O investidor Inteligente – Benjamin Graham;
2. Faça Fortuna com Ações – Décio Bazin;
3. Ações Comuns, Lucros Extraordinários – Philip Fisher;
4. Psicologia Econômica – Vera Rita de Mello Ferreira;
5. Finanças Comportamentais – Aquiles Mosca;
6. Rápido e Devagar – Daniel Kahneman;
7. Investimentos – Mauro Halfeld;

8. A Árvore do Dinheiro – Jurandir Sell Macedo Jr.;
9. Como Organizar Sua Vida Financeira – Gustavo Cerbasi;
10. Fator de Enriquecimento – Paulo Vieira;
11. Quero Ficar Rico – Rafael Seabra;
12. Guia Suno Dividendo – Tiago Reis e Jean Tosetto;
13. Invista e Viva Tranquilo – Mille e Brambilla;
14. Me Poupe – Nathalia Arcuri; e
15. Do Mil ao Milhão – Thiago Nigro.

Sites:

1. B3;
2. Tesouro Direto;
3. Banco Central do Brasil;
4. CVM;
5. Fundamentus;
6. GuiaInvest;
7. BBC Brasil;
8. Infomoney;
9. Valores Reais; e
10. Leitão em Ação.

Canais do YouTube:

1. Infomoney – Portal InfoMoney;
2. Suno Research – Suno Research;
3. Clube do Valor – Ramiro Gomes Ferreira;
4. Blog de Valor – André Bona;
5. Gustavo Cerbasi – Gustavo Cerbasi;
6. Rafael Seabra – Rafael Seabra;
7. Me Poupe – Nathalia Arcuri; e
8. O Primo Rico – Thiago Nigro.

Atitudes e Comportamentos

O principal risco na hora de investir, considerando alguém que esteja prestes a começar é exatamente a falta de conhecimento. Dessa forma, espere dificuldade no início porque haverá muita propaganda de bancos, corretoras, outras empresas e profissionais do mercado vendendo facilidade, segurança, retornos rápidos e elevados, quando de fato muitas vezes serão produtos de qualidade duvidosa e arriscados para um cliente sem o domínio adequado da informação e inexperiente. Mas como filtrar os conteúdos e ter consciência crítica para aumentar o seu conhecimento com qualidade e não se deixar levar pelo papo dos vendedores?

A falta de um conhecimento inicial e a inexperiência é algo normal quando se trata de qualquer assunto ou atividade nova. Ninguém nasce com carteira de motorista, com um curso de graduação ou até sabendo fazer coisas básicas como andar e falar. Para dirigir um carro, por exemplo, é necessário passar por um exame médico, realizar um teste psicotécnico, frequentar um centro de formação, fazer uma prova teórica, praticar aulas de direção com um instrutor e comprovar que tem o domínio do carro.

Aí você espera saber tudo sobre investimentos do dia para noite?! Claro que isso não ocorrerá, principalmente quando se pensa nos aspectos práticos. Mas antes existem conteúdos relacionados à economia, ao direito, à administração, à contabilidade, à psicologia, à política e às matérias básicas como português e matemática. Você não precisa dominar tudo, mas também não pode ter preguiça de ler, nem dizer que não entende, por exemplo, matemática ou que não será fácil porque no início realmente não será.

Assuntos envolvendo dinheiro não precisam ser uma obrigação acima de tudo, pelo contrário, deve ser mais uma área de interesse. Isso significa valorizar a sua conquista, visando tanto o crescimento do patrimônio, quanto o alcance de objetivos pré-estabelecidos. Agora, se não houver o seu próprio interesse e esforço por suas conquistas como esperar tal comportamento de outras pessoas ou de instituições financeiras?

Se você sempre demonstrou desinteresse e desconhece como lidar com os variados produtos financeiros pode ter certeza que sempre foi um alvo fácil das instituições financeiras e já vem pagando caro por isso. Já se demonstrar interesse em negociar de forma independente e não tiver conhecimento, melhor ainda para os bancos e corretoras! Eles cobrarão caro pela corda que te darão para que você mesmo se enforque.

Nunca espere resultados sem esforço, conhecimento e certa experiência. Retornos fáceis, rápidos, elevados, seguros e consistentes, tudo ao mesmo tempo, são uma ilusão que você está propenso a acreditar. Por isso, da lista que apresentei com quinze livros, três são específicos sobre questões comportamentais necessárias a todos os investidores: Psicologia Econômica; Finanças Comportamentais; e Rápido e Devagar. Particularmente, faço algumas ressalvas em minhas leituras que serão apresentadas apenas em outra obra desta Coleção, porém, este é um assunto de extrema importância.

O conhecimento deve ser gradualmente conjugado com atitudes e comportamentos, que gerarão experiências referentes aos investimentos. Desta maneira, o perfil de investidor não necessariamente tem relação com o apetite ou a tolerância ao risco porque isso funciona muito mais como uma consequência. Na verdade, não deveriam nem ser estabelecidos perfis de investidor, mas níveis de conhecimento e de experiência sobre o mercado e os produtos financeiros. A experiência viria apenas em caso de um possível interesse inicial por produtos específicos, a partir de uma reflexão sobre os riscos e as adequações individuais, considerando as possibilidades e os custos de uma utilização imediata do dinheiro durante o investimento (liquidez) e o tempo da aplicação adequado aos objetivos.

No próximo capítulo abordarei o processo de compra e venda de títulos públicos federais pelo Programa Tesouro Direto. O segundo melhor investimento do mercado financeiro, sendo o que há de melhor na Renda Fixa brasileira, considerando a segurança e o custo x benefício.

Capítulo 8 - TESOURO DIRETO

O Programa Tesouro Direto permite que as pessoas físicas comprem títulos da dívida pública federal pela Internet, que ficarão diretamente vinculados ao CPF de cada investidor. No início, a custódia, ou seja, a guarda dos títulos ficava por conta da Companhia Brasileira de Liquidação e Custódia – CBLC, atualmente vinculada à B3. As instituições financeiras apenas intermedeiam, sendo denominadas agentes de custódia.

Neste capítulo contarei um pouco da minha história individual como investidor cadastrado desde o início do Programa. Posteriormente, apresentarei algumas características dos produtos de Renda Fixa e detalharei os títulos do Tesouro Direto à venda. Também explicarei sobre os custos para investir e os retornos necessários para atingir os objetivos financeiros estabelecidos no planejamento.

História

O Programa foi criado pelo Tesouro Nacional em 07 de janeiro de 2002. Passado um mês estava eu tentando compreender melhor este universo e buscando me habilitar a operar com os títulos. Na época, ainda na universidade, era tudo ainda novo e difícil obter mais informações pela Internet, inclusive no próprio site do Tesouro Direto. Então resolvi ir ao Banco do Brasil, onde já possuía conta, para cadastrar a instituição financeira como agente de custódia, processo que na época deveria ser presencial. Complicado foi convencer os funcionários do banco de que o Tesouro Direto existia. O senhor que me atendeu parecia não entender sobre o que eu estava falando, assim como o próprio gerente, mas ao final consegui fazer a vinculação necessária, isso em 20 de fevereiro.

Depois passei a estudar mais sobre esse investimento e após quase um ano fiz minha primeira compra, em 28 de janeiro de 2003. Foi um título com taxa de juros pré-fixada pactuada em 19,3% ao ano com um vencimento bem curto. Comprei 20% deste título, que até então era o percentual mínimo permitido, totalizando R$ 192,43, o que para a época significava quase o valor de um salário mínimo. Segue abaixo o detalhamento do protocolo como registro histórico para mim, que foi consultado recentemente no próprio site do Tesouro Direto, em minha área de acesso como investidor.

Protocolo nº 13855

Operação:	Investimento
Situação:	Realizado
Data de realização:	28/01/2003
Instituição financeira:	BB BANCO DE INVESTIMENTO S/A

Título	Quantidade	Valor unitário (R$)	Taxa de juros pactuada (% ao ano)	Taxa B3 (R$)	Taxa de custódia (R$)	Valor total (R$)
LTN 020403	0,20	960,44	19,30	0,19	0,16	192,43
					Total (R$):	192,43

Quanto aos custos desta aplicação, a CBLC cobrou no ato 0,03% sobre o total investido e cobraria 0,4% referente ao primeiro ano, o que se repetiria anualmente, mas o percentual acabou sendo proporcional ao período do investimento de apenas dois meses, totalizando R$ 0,19 (atualmente Taxa B3). Já o agente de custódia, no caso o Banco do Brasil, também cobraria uma taxa referente ao primeiro ano, que se repetiria anualmente só que de 0,5%, mas, pelo mesmo motivo, o valor foi proporcional, ficando em R$ 0,16 (Taxa de Custódia). Além disso, após a venda houve a incidência do imposto de renda sobre a parte referente ao lucro na alíquota de 20%, lembrando que até 2004 as regras de tributação eram distintas da atual.

Apesar das dificuldades iniciais encontradas, da quantidade de taxas e da própria necessidade de pagamento do imposto de renda, eu já enxergava grandes vantagens no investimento em títulos públicos federais naquela época frente aos demais produtos de Renda Fixa. Mas com a perspectiva de melhorar ainda mais para o investidor iniciante, com o tempo o próprio Programa Tesouro Direto foi mudando, disponibilizando muito mais informações e ensinando às pessoas como proceder, oferecendo inclusive apostilas e cursos on-line. O percentual mínimo para a compra de um título caiu de 20% para 10% e depois para apenas 1%, desde que a compra não fosse inferior a R$ 30,00, o que se aplica atualmente. Já a taxa de negociação cobrada pela CBLC apenas no momento da compra dos títulos deixou de existir e a maior parte das instituições passou a não cobrar mais percentuais como agente de custódia, inclusive os grandes bancos a partir do segundo semestre de 2018, restando atualmente, quase sempre, apenas a Taxa de Custódia da B3, que foi reduzida para 0,3% ao ano.

Hoje é muito mais fácil comprar, manter e vender os títulos públicos federais, inclusive com a possibilidade de programar as compras e as vendas. A liquidez, que ocorria apenas às quartas-feiras, passou a ser diária e o horário ainda foi ampliado. O Tesouro Nacional também alterou os nomes dos títulos para melhorar a compreensão dos investidores, disponibilizou aplicativo próprio para celular e avisos por SMS e por e-mail.

O Tesouro Direto vem passando por um crescimento extremamente elevado nos últimos anos e a tendência é que ainda se intensifique por causa da recente postura dos bancos de zerar as taxas. Em 2002 havia apenas 5.854 investidores cadastrados e no final de 2007 essa quantidade foi para 102.993. Agora, em apenas um mês (de agosto para setembro de 2018) foram cadastrados 133.877 investidores. Em setembro de 2016 havia menos de um milhão de cadastros, após um ano esse montante foi para 1.662.449 e em setembro de 2018 para 2.660.585, ou seja, praticamente um milhão de possíveis novos investidores em um ano. Entretanto, do total de investidores cadastrados em setembro de 2018, menos de 700 mil estão ativos, o que deve crescer à medida que o conhecimento amadureça.

Os vários títulos disponibilizados possuem características bem distintas e permitem desde investimentos muito conservadores até a especulação, onde se tem a possibilidade de ganhar ou perder muito dinheiro vendendo antecipadamente. Só para você ter uma ideia, de 14 de junho de 2006 a 23 de maio de 2007, período inferior a um ano o preço de mercado do Tesouro IPCA com vencimento em 2024 alcançou uma valorização bruta de 80%. Contudo, essa variação também pode ser negativa, como observada após escândalo político ocorrido em 17 de maio de 2017, quando o Tesouro IPCA com vencimento em 2045 desvalorizou 25,6% em menos de 24 horas. Mas como é possível perder dinheiro investindo em Renda Fixa? Antes de explicar sobre os títulos disponíveis à venda pelo Tesouro é importante compreender algumas características da Renda Fixa e o que possibilita essa variação (volatilidade) durante o investimento.

Renda Fixa

Existem muitos produtos financeiros de Renda Fixa e meu intuito não é especificá-los neste momento, o que farei apenas mais à frente com os principais. Por enquanto, apresentarei apenas as características gerais para posteriormente detalhar os títulos à venda pelo Programa Tesouro Direto. Quanto à taxa de remuneração, os produtos de Renda Fixa podem ser pré-fixados ou pós-fixados, já em relação aos principais riscos, existem desde os menos inseguros aos mais inseguros (risco de crédito), dos mais voláteis aos não voláteis (risco de mercado) e dos mais líquidos aos não líquidos (risco de liquidez).

Começando a explicação pelas taxas, apenas nos investimentos totalmente pré-fixados se sabe desde o início o percentual e o valor financeiro exato que o investidor receberá de volta ao final do período. Nos investimentos pós-fixados será informado como a remuneração será calculada, mas os percentuais de correção só serão conhecidos durante o processo ou após o vencimento do produto financeiro. Essas taxas pós-fixadas podem ser atreladas a algum índice de inflação, à taxa de juros da economia (Taxa Selic), ao câmbio (Dólar, Euro, ouro) ou a qualquer outra coisa mensurável após determinado período, o que de acordo com o produto poderá misturar indicadores ou depender, inclusive, dos resultados da gestão de quem está administrando.

O risco de crédito é a possibilidade do investidor não receber de volta os recursos financeiros aplicados com as devidas correções ou tentar e não conseguir resgatá-los antecipadamente, em desacordo com as regras pré-estabelecidas, por causa de algum problema ou negativa do responsável por disponibilizar o dinheiro para essa liquidação. Os títulos do Tesouro Nacional são os investimentos com o menor risco de crédito do mercado de Renda Fixa no Brasil porque o Governo Federal garante 100% das quantias investidas e dos rendimentos acordados na data de vencimento, além de possibilitar a venda antecipada a preço de mercado.

O risco de mercado é a volatilidade, ou seja, a variação financeira do investimento para mais ou para menos devido principalmente às expectativas sobre fatores que possam influenciar a taxa de juros, a inflação, o câmbio e os demais resultados da atividade econômica do governo e das empresas e o consumo das famílias. Na Renda Fixa essa volatilidade durante o investimento é característico da marcação a mercado das taxas (preço de mercado), onde se observam grandes variações, mas no vencimento será pago exatamente o que foi acordado inicialmente. Dessa forma, se o investidor não pensar em se desfazer do seu investimento antecipadamente ele pode ficar tranquilo quanto ao retorno.

O risco de liquidez considera exatamente o tempo e o custo para fazer esse resgate antecipado do dinheiro durante o investimento, isso quando não for o caso desses recursos financeiros estarem presos contratualmente até uma possível data de vencimento. Devem-se analisar o prazo, as condições e até os demais riscos que contribuam para impedir a sua retirada imediata porque não seria interessante, por exemplo, sacar o dinheiro no momento em que a rentabilidade está negativa. As condições de liquidez devem ser ponderadas antes da efetivação da aplicação, considerando a data de realização futura dos objetivos e a possível necessidade de utilização antecipada dos recursos investidos.

Títulos Disponíveis

Atualmente o Tesouro Direto disponibiliza dez títulos para compra:

1. Tesouro Selic 2023;
2. Tesouro Prefixado 2021;
3. Tesouro Prefixado 2025;
4. Tesouro IPCA+ 2024;
5. Tesouro IPCA+ 2035;
6. Tesouro IPCA+ 2045;
7. Tesouro Prefixado com Juros Semestrais 2029;
8. Tesouro IPCA+ com Juros Semestrais 2026;
9. Tesouro IPCA+ com Juros Semestrais 2035; e
10. Tesouro IPCA+ com Juros Semestrais 2050.

Tesouro Selic

O primeiro título da lista tem como indexador a Taxa Selic, mais conhecida como a taxa básica de juros da economia brasileira, definida pelo Banco Central como *a taxa média ajustada dos financiamentos diários apurados no Sistema Especial de Liquidação e de Custódia (SELIC) para títulos federais* (Circular nº 2.900/1999). Essa Circular estabeleceu nova regulamentação para o Comitê de Política Monetária – COPOM, que ficou responsável por estabelecer uma meta anualizada para a Taxa Selic como instrumento de controle da inflação.

No Tesouro Selic a volatilidade praticamente não existe porque o preço do título é corrigido diariamente pela Taxa Selic. Como essa correção é sempre positiva pode ocorrer do título render um pouco mais ou um pouco menos durante um mês, dependendo do período, mas a tendência é a remuneração formar uma linha de crescimento constante, por isso, entende-se que não há volatilidade. Desta maneira, este é o único título que você pode comprar sem medo de perder dinheiro se quiser vender antecipadamente após alguns meses, mesmo ainda muito distante da data de vencimento, neste caso em 1º de março de 2023. De todos os títulos disponíveis no Programa Tesouro Direto, ele é o único que possui rentabilidade totalmente pós-fixada.

Tesouro Prefixado

Os títulos Tesouro Prefixado 2021 e Tesouro Prefixado 2025 possuem as mesmas características, mas datas diferentes de vencimento, o primeiro em 1º de janeiro de 2021 e o segundo em 1º de janeiro de 2025. A remuneração é totalmente prefixada, o que permite saber exatamente qual será o percentual de correção bruta e o rendimento líquido se forem comprados e carregados para o vencimento, até porque eles têm a peculiaridade de valer exatamente R$ 1.000,00 ao final das suas vidas úteis. Dessa forma, se o investidor estiver satisfeito com o retorno e seguro de que não precisará dos recursos antes do vencimento poderá efetuar o negócio, mas não deverá se preocupar com as variações de mercado.

Diferentemente da marcação a mercado dos títulos Tesouro Selic, que funcionam acumulando rentabilidades menores ou maiores, mas sempre positivas e com crescimento constante, no caso dos títulos Tesouro Prefixado a ingerência do Governo pode ser grande. Essa remuneração totalmente prefixada causa volatilidade nos preços, cada vez maior de acordo com a extensão do vencimento. Como as taxas negociadas podem ser alteradas a qualquer momento até o vencimento do título, também ocorrerão movimentações nos preços para as possíveis vendas antecipadas.

Exemplificarei com taxas reais do Tesouro Prefixado 2025 ocorridas em 2018. Em 07 de fevereiro a taxa de compra chegou a ser negociada a 9,77%, sendo o preço de um título R$ 526,93. Em 05 de setembro a taxa foi para 12,40% e o valor financeiro para R$ 478,95. Já em 30 de outubro a taxa voltou aos 9,77% e o título passou a valer R$ 563,62 para compra.

Observe que quando a taxa sobe o preço do título cai, o que é ruim para quem já havia comprado, mas excelente para quem quer comprar. Já quando a taxa cai é bom para quem quer realizar o lucro do investimento, porém, será mais arriscado para quem quer investir. Avalie, também, que como se passaram quase nove meses, ainda que a taxa de compra em 9,77% seja a mesma em fevereiro e em outubro houve uma valorização do título referente exatamente a este percentual bruto.

Tesouro IPCA+

Os títulos Tesouro IPCA+ misturam uma parte pós-fixada e outra prefixada. A parte pós-fixada está atrelada ao Índice Nacional de Preços ao Consumidor Amplo – IPCA, mais conhecido como o índice oficial de inflação do Governo Federal, medido pelo Instituto Brasileiro de Geografia e Estatística – IBGE. Já a parte prefixada tem um funcionamento semelhante à remuneração do Tesouro Prefixado, entretanto, como existe uma parte pós-fixada não é possível saber exatamente qual será a remuneração nas datas de vencimento dos títulos.

Nessa categoria existem atualmente três títulos disponíveis, o Tesouro IPCA+ 2024, com vencimento em 15 de agosto de 2024, o Tesouro IPCA+ 2035, com vencimento em 15 de maio de 2035 e o Tesouro IPCA+ 2045, com vencimento em 15 de maio de 2045. Como as datas de vencimento dos dois últimos ultrapassam as dos títulos totalmente prefixados, ainda que apenas uma parte do Tesouro IPCA+ seja prefixada, a volatilidade pode ser maior, principalmente o com vencimento em 2045.

As remunerações brutas dos títulos Tesouro IPCA+ podem ser muito interessantes porque além de estarem atreladas à inflação, sempre abrem janelas de oportunidade que permitem assegurar boas taxas prefixadas. O Tesouro IPCA+ 2045, por exemplo, em 25 de setembro de 2018 estava com uma taxa prefixada de 6% e o título poderia ser comprado por R$ 667,89. Em pouco mais de um mês, em 29 de outubro a taxa de venda era 5,15% e o título poderia ser vendido a R$ 835,77. Essa operação representaria um retorno bruto superior a 25% em praticamente um mês.

Em 2017 este mesmo título também chegou a ser negociado na casa dos 6%, quando poderia ter sido comprado em 19 de maio a R$ 587,93 e vendido um mês depois com um lucro bruto superior a 10% ou em menos de quatro meses rendendo 29%. Essas janelas de oportunidade sempre aparecem e os retornos podem ser superiores aos 50% em alguns meses, como ocorreu de 22 de janeiro a 21 de outubro 2016 com o Tesouro IPCA+ 2035, que rendeu bruto 62% em nove meses.

Contudo, antes que você pense que ficará rico do dia para a noite investindo apenas pelo Tesouro Direto adianto que não funciona bem assim. Estou trabalhando com dados reais, entretanto, utilizando informações passadas. Na prática, o investidor nunca saberá o momento exato de entrar ou de sair de uma operação. Não existe uma boa taxa considerada no momento da compra, que não possa melhorar, permanecer por um bom tempo em patamar insatisfatório para quem já comprou e prejudicar uma possível "especulação perfeita". Além disso, muitas vezes existem as questões comportamentais individuais dos investidores, que paralisam ou dificultam as ações.

O mais importante é que você perceba a importância de pactuar boas taxas durante a compra porque é neste momento onde você tem o maior peso de decisão. Uma compra feita sem planejamento e com análise inadequada pode significar perda percentual elevada em caso de venda antecipada ou ter que carregar um título a contragosto até o vencimento insatisfeito com a remuneração. Por isso, a importância do conhecimento e em caso de dúvidas ou do momento ser inadequado investir apenas em Tesouro Selic.

Títulos com Juros Semestrais

Existem quatro títulos disponíveis para compra que pagam cupons de juros semestrais, o primeiro possuindo remuneração totalmente prefixada, com o vencimento em 2029 e os demais misturando uma parte pós-fixada atrelada ao IPCA e outra prefixada, com os vencimentos em 2026, 2035 e 2050. Os juros pagos representam uma parte do título, que perde o seu valor, ou seja, não há nada extra para o investidor. Muito pelo contrário, pode representar até um transtorno porque após a compra não existe a possibilidade de abrir mão do recebimento dos juros. Já o possível reinvestimento implicará no pagamento a uma alíquota maior no imposto de renda pelos cupons de juros recebidos até o final do segundo ano e levará sempre em consideração a taxa de compra do momento do novo investimento.

Os títulos que pagam cupons de juros seriam justificados pelo intuito de permitir aos investidores rendimentos semestrais para complementar a renda em datas preestabelecidas. Entretanto, atualmente o Programa Tesouro Direto permite uma liquidez diária e possibilita a venda de percentuais múltiplos de 1% do preço de cada título. Deste modo, não há mais motivos para que alguém se amarre aos pagamentos semestrais de juros porque eles trazem muito mais desvantagens.

Custos

O Programa Tesouro Direto permite a cobrança de duas taxas distintas. A primeira referente à custódia da B3 de 0,3% ao ano sobre o patrimônio limite de R$ 1,5 milhão por conta ativa. A segunda seria a do agente de custódia, sendo que a maioria das instituições já não cobra mais.

Em relação aos tributos, a Receita Federal cobra o IOF Regressivo sobre os possíveis lucros para operações inferiores a trinta dias e o imposto de renda padrão da Renda Fixa, onde o percentual sobre o lucro depende do prazo do investimento, de acordo com uma das quatro situações a seguir:

1. 22,5% para aplicações com prazo de até 180 dias;
2. 20% para aplicações com prazo de 181 dias até 360 dias;
3. 17,5% para aplicações com prazo de 361 dias até 720 dias; e
4. 15% para aplicações com prazo acima de 720 dias.

Como estou falando da Receita Federal é importante esclarecer que o investimento em títulos públicos federais por si só não gera a obrigação de apresentar a Declaração do Imposto de Renda, entretanto, se ela for preenchida, os possíveis investimentos realizados devem ser devidamente informados.

Rentabilidade

Na primeira parte escrita foram estabelecidas duas premissas para a Renda Fixa: retorno líquido de 8% e inflação de 4% ao ano. Isso gera um ganho real mensal de 0,314994809%, percentual que de fato deve ser buscado para atingir os objetivos investindo em Renda Fixa. Historicamente, amarrar taxas de retorno líquido de 8% ao ano é fácil, entretanto, conseguir ganhos reais mensais iguais ou superiores ao estabelecido requer um pouco mais de conhecimento.

Você não alcançará este retorno investindo, por exemplo, somente em Tesouro Selic, que é mais simples e menos arriscado. É preciso considerar essa taxa de ganho real mensal de 0,314994809% enquanto uma média, começar investindo em Tesouro Selic e buscar alterar o título para alcançar retornos superiores quando surgirem as oportunidades de mercado. O Tesouro Selic serve de ponte até o momento de amarrar boas taxas em outros títulos do Tesouro Direto (Renda Fixa) ou possibilitar melhores compras no mercado de ações (Renda Variável), que considero como o melhor investimento e será explicado no próximo capítulo.

O objetivo das explicações sobre o Tesouro Direto não foi incentivar os movimentos especulativos, mas observar a importância de adquirir os títulos voláteis a preços interessantes. Caso você esteja começando a se interessar pela volatilidade do mercado de títulos recomendo evitar a ganância, prestar mais atenção e aprender sobre o investimento em ações. No próximo capítulo esta forma de aplicar será explicada de maneira mais geral e posteriormente dedicarei todo um exemplar da Coleção Educação Financeira Pessoal para ensinar um processo satisfatório de seleção, sem precisar especular e com retornos médios bem acima da Renda Fixa.

Capítulo 9 - MERCADO DE AÇÕES

O mercado acionário brasileiro em grande parte ainda é regido por duas leis de dezembro de 1976. A primeira, mais abrangente (Lei nº 6.385), dispõe sobre todo o mercado financeiro e cria a Comissão de Valores Mobiliários – CVM para disciplinar e fiscalizar os seus integrantes. A segunda, mais específica (Lei nº 6.404), direciona o foco para as sociedades por ações.

Essas normas devem ser interpretadas em conjunto, desde as Exposições de Motivos do Ministério da Fazenda, ocorridas alguns meses antes de serem sancionadas, quando foi explicada a necessidade de fortalecer o mercado e mobilizar a poupança popular para o investimento em ações. Desde o início, a ideia sempre foi assegurar proteção e rentabilidade para o acionista minoritário ao mesmo tempo em que possibilitasse a sobrevivência da empresa privada.

A bolsa de valores garantiu a sua autonomia e o papel de organizar e fiscalizar os membros e as operações na prática, funcionando como órgão auxiliar sob supervisão da CVM. Isso não significa que o mercado de ações seja perfeito, entretanto, pode ser melhorado constantemente. Cabe à CVM assegurar o seu funcionamento eficiente e regular, além de defender a economia popular, através do exercício do seu poder de polícia do mercado, para evitar distorções e abusos.

As sociedades anônimas são empresas que têm o montante do seu capital financeiro dividido em ações, permitindo o registro junto à CVM para a comercialização na bolsa de valores. A ação representa a menor divisão possível do capital social de uma companhia aberta, que dependendo do porte pode ser composta por milhões ou bilhões de pequenos pedaços, possibilitando qualquer investidor aplicar o seu dinheiro.

Empresas Listadas

Em agosto de 2018 a B3 disponibilizava 440 empresas para compra e venda. Deste total, 71 não possuíam códigos de negociação ativos no mercado à vista, onde são negociadas as ações. As demais 369 poderiam operar até 577 códigos distintos, principalmente nas classes de ações ordinárias e preferenciais.

As ações ordinárias concedem ao acionista direito a voto nas assembleias, onde ocorrem decisões relacionadas à empresa. Já as preferenciais terão este direito restringido ou excluído, porém, assegurará alguma vantagem sobre as ações ordinárias, nos termos do Art. 17 da Lei nº 6.404. É importante analisar as vantagens e as desvantagens de cada classe de ação no momento de decidir pelo investimento, caso o papel possua mais de uma classe, considerando a empresa específica, os riscos envolvidos e a diferença de preço entre as ações.

Participação nos Lucros

O investimento em ações deve ser encarado como algo positivo para o investidor e para a própria empresa. Na condição de acionista, o investidor passa a ser sócio do negócio e a ter participação nos possíveis lucros. Por outro lado, a empresa utiliza os recursos financeiros para se manter e ampliar as suas atividades. Os lucros gerados serão distribuídos em partes não necessariamente iguais entre os acionistas a própria empresa.

O estatuto da companhia poderia fixar inicialmente qualquer percentual mínimo para a distribuição dos lucros aos acionistas. Contudo, a lei das sociedades por ações acaba induzindo uma distribuição mínima de 25% porque é uma obrigação para que os administradores também obtenham participação nos lucros (ver Art. 152, § 1º). Isso não chega a ser um demérito, mas precisava ser esclarecido ao investidor minoritário.

Os lucros recebidos pelos acionistas em forma de proventos (dividendos ou juros sobre o capital próprio) poderão ser reinvestidos na própria empresa ou em qualquer outro produto financeiro, se o momento for de acumulação para o investidor. Por outro lado, se houver objetivos a serem realizados no momento, os proventos poderão ser utilizados no todo ou em parte com este intuito. Já a parte dos lucros que fica para a empresa será aproveitada para realimentar o próprio negócio.

Corretoras de Valores

As ações são negociadas pela primeira vez em bolsas de valores a partir do Initial Public Offering – IPO (Oferta Pública Inicial), que é quando a empresa divide o seu capital social em ações e capta os recursos no mercado financeiro (Mercado Primário). Depois disso, os papéis ou os códigos de ações, como também são denominados, passam a ser negociados apenas no Mercado Secundário. Isso significa que a empresa não recebe outros valores financeiros por essas negociações e as ações apenas trocam de mãos entre os investidores, que podem ser pessoas físicas e jurídicas brasileiras, além dos estrangeiros, que são responsáveis por cerca da metade do volume de tudo que é negociado no Brasil.

Esse processo de negociação ocorre na bolsa de valores por intermédio das corretoras. A primeira possibilidade é utilizar os próprios bancos para operar, onde o investidor mal percebe que existe a figura de uma corretora de valores. Outra forma é através de corretoras independentes, que normalmente oferecem condições mais atrativas, podendo inclusive isentar todas as taxas, permanecendo apenas as cobradas pela B3.

Caso você se interesse em estudar uma corretora para investir, a própria B3 oferece um serviço para a busca de corretoras, onde se podem filtrar, inclusive, aquelas que atendem à pessoa física. Basta pesquisar no Google "B3 corretoras" ou "corretoras B3", que provavelmente será o primeiro link não patrocinado. Preferi não colocar o endereço direto porque poderia haver alterações e a digitação para a busca seria menos prática.

Escolhida a corretora, você abrirá a conta através de um processo que provavelmente ocorrerá todo pela Internet, sendo que dependendo do caso serão solicitados documentos que precisarão ser autenticados em cartório e escaneados ou enviados por correio. Depois disso, basta transferir o dinheiro eletronicamente (TED) da conta do banco para a conta da corretora, que os recursos estarão disponíveis aos investimentos.

Mercado Integral e Fracionário

As ações são negociadas na maioria das vezes pelo mercado integral, em lotes, chamados de lote-padrão, normalmente múltiplo de 100 de ações. Isso significa que se você quiser comprar, por exemplo, ações ordinárias do Banco Itaú (ITUB3) cotadas a R$ 30,00, o montante mínimo será cem vezes este preço, ou seja, R$ 3.000,00. A próxima quantia será R$ 6.000,00 e assim por diante. O lote-padrão é utilizado para aumentar a liquidez dos negócios entre investidores que lidam com grandes volumes financeiros, entretanto, isso acaba dificultando o acesso do pequeno investidor porque o preço pode ser muito elevado e inviabilizar as compras mensais.

Para possibilitar as negociações com uma quantidade menor de papéis existe o mercado fracionário, onde as ordens variam de 1 a 99 ações, se o lote-padrão for 100. Neste caso, o código é sempre o mesmo acrescido de um "F", por exemplo, ITUB3F. As ofertas de compra e venda do mercado integral e fracionário são diferentes porque se trata de negociadores distintos, por isso, o preço normalmente varia um pouco para mais ou para menos, mas se trata exatamente da mesma ação, com os mesmos direitos. Assim, utilizando ainda o Itaú como parâmetro, é possível comprar uma ação pagando em torno de R$ 30,00, o que facilita a formação de uma carteira de investimentos.

Investimento Mínimo

A quantia financeira mínima para iniciar os investimentos em ações deve ser analisada considerando os custos. As corretoras podem cobrar taxas fixas e variáveis por cada operação de compra e de venda (Taxa de Corretagem), além da manutenção mensal da conta ativa (Taxa de Custódia). Já a B3 recebe a Taxa de Liquidação para a CBLC de 0,0275% e os Emolumentos de 0,00489%, totalizando 0,03239% por operação de compra e de venda.

Devido principalmente às taxas cobradas pelas corretoras, até pouco tempo beirava o absurdo falar em iniciar os investimentos em ações com somas inferiores a R$ 200,00 porque os custos corroeriam boa parte da aplicação. Considerando, por exemplo, apenas uma Taxa de Corretagem de R$ 10,00 na compra, o custo já somaria 5% do capital investido.

Contudo, há alguns anos é possível encontrar quem não cobre a Taxa de Custódia mensal e, mais recentemente, investir sem pagar nenhuma taxa à corretora. Desse modo, os custos se limitam às taxas cobradas pela B3, que para esta operação de R$ 200,00 representaria apenas R$ 0,06. Assim, com uma cobrança apenas percentual e baixa, é possível investir a partir de qualquer montante. Comprando, por exemplo, apenas uma ação por R$ 30,00, o custo da operação seria de R$ 0,01, o que democratiza de vez o investimento em ações, independentemente da renda do investidor.

Preço da Ação

Quanto mais baixo for o preço de venda de um papel, maior será a quantidade possível de compra com um montante financeiro específico. Entretanto, o preço de negociação de uma ação no mercado desde a primeira cotação é algo individual da empresa e por si só não gera nenhuma informação sobre a sua qualidade ou possíveis oportunidades para a efetivação de uma operação bem-sucedida.

Também é descabida a comparação entre companhias, utilizando somente o preço de mercado como critério. Até porque esses números podem ser facilmente alterados sem causar benefícios ou prejuízos financeiros aos acionistas para atender algumas demandas das empresas, através, principalmente, de dois eventos corporativos: o grupamento e o desdobramento. Para explicá-los, imagine inicialmente duas empresas, a primeira cotada a R$ 8,00 e a segunda a R$ 44,00.

Suponha que essa ação ao preço de R$ 8,00 seja a Grendene (GRND3). A empresa possui atualmente 902.160.000 ações. Dessa forma, multiplicando 902.160.000 x 8,00 se visualiza o seu valor de mercado, de R$ 7.217.280.000,00. Raciocinando hipoteticamente, poderia ser aprovado em assembleia um grupamento de ações, que é um evento corporativo utilizado para reduzir o número de papéis em circulação no mercado, com o objetivo de restringir a volatilidade no preço.

Ocorrendo, por exemplo, um grupamento à proporção de 2 para 1, cada ação passaria a ser cotada a R$ 16,00, entretanto, o número total reduziria para 451.080.000. Assim, o valor de mercado permaneceria inalterado (451.080.000 x 16,00 = 7.217.280.000,00). Um investidor que comprasse, por exemplo, 300 ações a um preço médio de R$ 8,00 teria em custódia R$ 2.400,00 (300 x 8,00). Já com o preço a R$ 16,00, as ações em custódia reduziriam à metade, ou seja, 150, mas o montante financeiro permaneceria o mesmo (150 x 16,00 = 2.400,00).

Agora considere que o papel negociado a R$ 44,00 seja o Banco do Brasil (BBAS3). Neste caso, o total de ações é de 2.865.417.020. Multiplicando a quantidade total pelo preço da ação, o valor de mercado é de R$ 126.078.348.880,00. Imagine um evento corporativo inverso, analisando as valorizações dos últimos anos, a assembleia aprovaria o desdobramento das ações. Essa decisão aumentaria a quantidade em circulação no mercado exatamente para dar mais acesso aos investidores.

Neste exemplo, considerando um desdobramento das ações do Banco do Brasil a 300%, cada uma passaria a equivaler a quatro. Um investidor que comprasse, por exemplo, 100 papéis a um preço médio de R$ 44,00 teria em custódia R$ 4.400,00 (100 x 44,00). Já o novo preço seria reduzido para R$ 11,00, mas como a quantidade de ações passaria para 400, o montante financeiro permaneceria o mesmo (400 x 11,00 = 4.400,00). Seguindo a mesma lógica, o preço de mercado da empresa também ficaria inalterado, mas a quantidade de ações saltaria para 11.461.668.080.

Após as simulações, a Grendene que estava cotada a R$ 8,00 passou para R$ 16,00. Já o Banco do Brasil, inicialmente precificado a R$ 44,00 foi para R$ 11,00. A Grendene ficou mais cara e agora seria possível comprar mais ações do Banco do Brasil com um mesmo valor financeiro. Contudo, isso não permite dizer que este ou aquele papel é melhor ou pior porque para tanto a análise tem que ser realizada considerando também a qualidade.

Qualidade da Ação

Observe de maneira geral um pouco sobre o desempenho das empresas presentes na B3 nos últimos anos. Em agosto de 2018, das 440 companhias listadas somente 14,8% apresentavam histórico de resultados trimestrais sempre positivos nos últimos cinco anos. Analisados os últimos dez anos esse percentual reduz para 10,2%. É verdade que algumas poucas ações não participaram destes percentuais porque possuíam vida ainda curta na bolsa, mas isso também representa risco quanto à perpetuidade do negócio e à qualidade da gestão. O fato é que esses valores demonstram muito mais uma realidade onde o investidor que não seleciona bem os seus investimentos não participará dos lucros, mas dos prejuízos das empresas.

Quando se analisam apenas os papéis que compõem o Ibovespa – índice de referência que mede o desempenho médio do mercado acionário brasileiro – a situação é "menos pior", mas ainda assim muito alarmante. Neste mesmo período de agosto de 2018, das 64 empresas do Índice Bovespa apenas 40,6% apresentaram histórico de resultados trimestrais sempre positivos nos últimos cinco anos. Já no horizonte de dez anos essa proporção cai para 29,7%. A partir destes resultados é possível ponderar o quanto é arriscado investir sem o devido conhecimento e que se basear nos resultados do índice de referência do mercado pode levar os seus recursos financeiros a prejuízos.

Por isso, o ideal é analisar a qualidade das empresas individualmente. Para não ser radical, até seria possível a ocorrência de algum prejuízo não recorrente, mas se for para escolher entre companhias que só dão lucros, principalmente com histórico crescente, e as que vez por outra apresentam prejuízos, melhor focar nas primeiras. Observe principalmente os lucros líquidos, o seu histórico, como eles são impactados e como refletem para a saúde da própria empresa e para o bolso dos acionistas. Vários contextos podem interferir nos resultados de uma companhia, entretanto, caberá a você enquanto investidor analisar e tomar as suas próprias decisões sobre os investimentos.

Do ponto de vista negativo, os resultados das empresas são impactados principalmente pelas dívidas. Algumas convivem bem com o endividamento, que chegam a representar percentuais superiores a todo o seu Patrimônio Líquido, ou seja, possuem mais dívidas do que patrimônio. Dependendo do setor, essa é uma prática até comum para alavancar os resultados, mas sempre significará risco. Mesmo podendo ser roladas para frente, as dívidas representam custos constantes, que serão pagos e afetarão os lucros. A boa notícia é que você encontrará empresas excelentes com dívidas em percentuais muito baixos ou que funcionam simplesmente sem dever nada.

Já do lado positivo, o principal reflexo dos lucros para a saúde da empresa ocorre pela relação entre este lucro e o patrimônio, do indicador Return on Equity – ROE, que em português significa Retorno sobre o Patrimônio Líquido. Esse indicador mede o possível crescimento do Patrimônio Líquido da empresa; digo "possível" porque ele deixa de ocorrer, por exemplo, se todo o lucro for distribuído aos acionistas. Essa rentabilidade é muito importante, entretanto, assim como os demais indicadores, não deve ser analisado isoladamente porque poderá gerar informações equivocadas. Quanto à qualidade, deve ser observado o histórico do ROE, assim como a evolução dos lucros e do patrimônio isoladamente, além do comportamento das possíveis dívidas.

Somente após uma análise referente à qualidade é que você deve começar a observar o preço da ação pensando uma possível compra. O principal indicador que se relaciona entre o preço e a qualidade da empresa é o Preço sobre o Lucro – P/L. Particularmente, prefiro analisar esse indicador de maneira invertida, ou seja, L/P porque é possível enxergar a possível rentabilidade geral da empresa, considerando os seus proventos distribuídos e o lucro que foi reinvestido. Este indicador pode ser bem volátil porque acompanha imediatamente o preço da ação, porém, feito o dever de casa ele pode ser fundamental para sugerir bons momentos para a compra de um papel.

Esse dever de casa inclui observar o endividamento da empresa, a qualidade do papel e o preço de mercado, o que rapidamente elimina pelo menos 90% das ações da B3, mas o trabalho não se limita a isso. É preciso examinar a empresa, observando outros possíveis riscos do investimento. Neste ponto você poderá buscar informações nos próprios sites das companhias, na parte de Relação com Investidores – RI, e no site da B3, onde é possível consultar as Informações Relevantes dos últimos quinze anos. Caso sinta necessidade, recorra ao auxílio de analistas ou de empresas especializadas que prestam consultorias ou produzem relatórios. Porém, seja bastante crítico com as recomendações e prefira analisar os níveis de risco referentes às empresas que você mesmo selecionou, quanto aos impactos em caso de concretização.

O modelo de Análise Indicativa de Qualidade proposto por mim para selecionar excelentes ações a bons preços é relativamente simples, mas exige maior detalhamento, inclusive teórico, e exemplificações para que você tenha segurança no momento de tomar decisões de forma independente. Por isso, haverá uma obra específica para tratar este assunto, com uma abordagem prática, explicando como selecionar o que comprar e quando comprar. Uma excelente ação selecionada a um bom preço é o início do caminho para o sucesso financeiro e o alcance dos objetivos, contudo, não se esqueça de considerar os riscos envolvidos.

Riscos e Garantias

Enquanto investidor do mercado de ações você deverá alertar para perigos, que podem ser minimizados, desde que haja conhecimento e atitudes corretas. Apresentarei o risco do negócio, o risco de mercado e o risco de liquidez. Observarei, quanto à guarda, que do mesmo modo que ocorre com os títulos do Programa Tesouro Direto, as ações ficam sob a custódia da B3. Também mencionarei uma garantia aos investidores em relação às corretoras de valores.

No risco do negócio, verifica-se certa analogia ao risco de crédito da Renda Fixa, entretanto, quando se investe em ações não se está emprestando dinheiro com a promessa de recebê-lo de volta, mas adquirindo a participação, ainda que minoritária, em um negócio, ou seja, o acionista é proprietário. Dessa forma, para minimizar o perigo selecione excelentes negócios a bons preços e não concentre todo o patrimônio financeiro em poucas empresas para evitar possíveis erros de análise ou surpresas ruins.

Quanto ao risco de mercado, diferentemente do que acontece na Renda Fixa, no investimento em Renda Variável não há nenhuma garantia contratual quanto ao retorno. A forma de lidar com a volatilidade é a mesma utilizada para se proteger do risco do negócio, porém, o risco de mercado não traz prejuízos à qualidade da empresa. Desse modo, quando os preços dos ativos do mercado de ações desabam sempre surgem excelentes oportunidades de compra que gerarão rendimentos líquidos bem superiores àquela média estabelecida em 12% ao ano para alcançar objetivos, investindo em Renda Variável. Quanto aos recursos financeiros já aplicados, só haverá prejuízo em caso de liquidação (venda) em momentos inapropriados.

O risco de liquidez considera exatamente as implicações para a venda da ação. Assim como na Renda Fixa, devem ser considerados o tempo e o custo. Quanto ao tempo, a liquidação da operação ocorre em D+3, ou seja, três dias úteis após a data da venda, entretanto, ainda no momento da compra é importante observar o volume de negócios porque pode ocorrer da ação ser tão pouco negociada a ponto de não aparecerem compradores de imediato, caracterizando uma falta de liquidez momentânea. Já em relação ao custo da liquidez, quando há poucos negócios, pode-se conseguir vender, mas a um preço bem abaixo do que o papel vem sendo negociado, por isso, quanto maior o volume e a quantidade de negócios, melhor.

Após compreender estes riscos, você ainda poderia questionar: E se a corretora quebrar? As ações ficam custodiadas na Central Depositária da B3, vinculada à CBLC, mesmo local onde também estão guardados os títulos públicos federais. Dessa forma, em caso de qualquer problema com a corretora tanto as ações quanto os títulos estarão em segurança, bastando vincular esses ativos a outra instituição financeira. A B3 ainda conta com o Mecanismo de Ressarcimento de Prejuízos – MRP para restituir possíveis perdas causadas por ação ou omissão das corretoras de valores até o limite de R$ 120 mil por ocorrência. O MRP também cobre recursos financeiros que estejam em conta relacionados às vendas ou aos proventos de ações nos casos de intervenção ou liquidação extrajudicial.

Imposto de Renda

Analisados os controles sobre os riscos e consideradas as garantias, você deve começar a ponderar todos os custos de se investir no mercado acionário, o que inclui possíveis gastos com a corretora de valores, com a B3 e com o imposto de renda, sendo que as duas primeiras cobranças já foram abordadas no item sobre o investimento mínimo em ações. Naquele momento apontei a possibilidade de zerar todas as taxas da corretora e observei que o percentual total cobrado pela Bolsa por operação (0,03239%) é muito baixo, todavia, ainda que ocorram pagamentos, dependendo do caso, poderá haver toda a compensação durante a Declaração do Imposto de Renda.

Essa compensação ocorre porque as normas da Receita Federal permitem que você abata dos impostos que seriam pagos sobre os lucros, todos os custos e, também, os possíveis prejuízos do mercado acionário. Além disso, as vendas até R$ 20 mil mensais são totalmente isentas do pagamento do imposto de renda. Isso vale apenas para as Operações Comuns, que são diferentes do Day-Trade, onde as negociações de compra e venda ou de venda e compra são realizadas no mesmo dia. Nas Operações Comuns, caso as vendas ultrapassem os R$ 20 mil, a tributação é de 15% sobre o possível lucro, enquanto o Day-Trade é tributado em 20%, também sobre o lucro, mas para qualquer montante mensal negociado. Nestes casos, o imposto de renda deve ser pago até o último dia útil do mês posterior ao lucro auferido.

Existem muitas vantagens relacionadas ao imposto de renda, que podem até deixar de ser aproveitadas por falta de conhecimento, por exemplo, a possibilidade de informar os prejuízos e os custos acumulados e não utilizados na Declaração do ano anterior. O próprio programa da Receita Federal é bem intuitivo e sempre se aperfeiçoa, mas é claro que se for utilizar pela primeira vez pode não ser tão fácil. Contudo, você deve encarar a obrigatoriedade do preenchimento como oportunidade para obter mais informações e melhorar a administração do seu dinheiro.

É importante controlar as negociações durante o ano, entretanto, as próprias corretoras também auxiliam, fornecendo e deixando disponíveis as notas de corretagem, com os detalhamentos das operações ocorridas durante os dias que você operou comprando e/ou vendendo, além de possibilitar acesso às informações sobre as movimentações da conta. Para facilitar o preenchimento da Declaração e o arquivamento, sugiro abrir pasta no computador para inserir os arquivos com todas as notas de corretagem e solicitar à corretora que envie em formato PDF o extrato da conta referente ao período de todo o ano de referência.

Você aprendeu o básico sobre o mercado acionário e espero que esteja interessado em se aprofundar nestes conteúdos. Esse investimento requer conhecimento e moderação inicial na aplicação, por isso, é importante que não haja estresse no momento de entrar na bolsa. Caso você nunca tenha investido em ações, fique tranquilo e observe que nos primeiros anos a diferença entre os retornos da Renda Fixa e da Renda Variável não é substancial, o que conta mais são os próprios aportes acumulados. Isso te dar tempo para estudar e conhecer com calma o mercado por pelo menos um ano, antes de começar a investir maiores valores percentuais.

No capítulo anterior e no atual abordei os produtos financeiros de Renda Fixa (Programa Tesouro Direto) e de Renda Variável (mercado de ações) que te levarão a alcançar com a devida segurança e rentabilidade os seus objetivos. Agora é o momento de entrar nos capítulos em que tratarei onde evitar investir o seu dinheiro, com o devido embasamento. Começarei com investimentos mais direcionados à previdência e posteriormente explicarei outros produtos.

Capítulo 10 - PREVIDÊNCIA

O previdente busca algo além de proporcionar o seu próprio bem-estar e o da sua família, ele é prudente porque age no presente com o propósito de alcançar e perpetuar a qualidade de vida por todo o futuro. À medida que você se organiza, busca conhecimentos, traça os seus objetivos e começa a investir conscientemente, administrando os riscos, está sendo prudente.

Assim, a previdência seria alcançada a partir do momento em que você tem os recursos financeiros necessários para tomar toda e qualquer providência pra si e para a sua família. Previdência é apenas um conceito e pode ser conquistada com investimentos por conta própria, no momento em que se atinge a adequada independência ou liberdade financeira.

É importante que isso fique claro porque tentarão te vender previdências privadas para complementar os recursos financeiros da aposentadoria oficial. Contudo, tenha consciência para não depender do Governo, nem de entidades de previdência complementar, que fariam o que você terá condições de realizar melhor, com menos custos e maior lucratividade.

Neste capítulo abordarei os riscos da previdência oficial e o regime de previdência complementar, disciplinado pela Lei Complementar nº 109/2001, que especifica as entidades abertas e fechadas. Analisarei a previdência oferecida pelas instituições financeiras e a Fundação de Previdência Complementar do Servidor Público Federal – FUNPRESP.

Previdência Oficial

Em algum momento você já refletiu sobre as reais garantias dos sistemas previdenciários oficiais no Brasil? Não me refiro apenas ao INSS, incluo também os Regimes Próprios de Previdência Social dos estados e dos municípios e até ao Plano de Seguridade Social do Servidor Público Federal.

É comum encontrar sérios problemas de insolvência (incapacidade de pagamento) em todos eles, seja pela utilização de recursos com desvio de finalidade nos regimes próprios ou pela incapacidade fiscal e insuficiência de recursos orçamentários.

O meu objetivo não é apontar culpados ou discutir soluções para esses sistemas, mas demonstrar que se você depender deles poderá ter as suas expectativas frustradas. Imagine, após décadas de contribuição, verificar que a remuneração da aposentadoria não será suficiente para manter o seu padrão de consumo ou que houve uma alteração que te obrigará a trabalhar dez anos a mais. As mudanças nas regras são constantes e a idade mínima para a aposentadoria aumenta ao longo do tempo porque acompanha o crescimento da expectativa de vida. Essa é apenas a tendência inicial para aqueles que dependem da previdência oficial.

O INSS possui atualmente um teto inferior a R$ 6 mil, que limitará o benefício dos que ganham acima deste valor financeiro. Essa também será a realidade dos servidores públicos federais que entraram em exercício após a vigência do regime de previdência complementar regrado pela Lei nº 12.618/2012. Mas o problema para os trabalhadores vai muito além deste teto, quem ainda não tem o direito de se aposentar, mesmo faltando apenas um mês, por exemplo, não possui nenhuma garantia de que não ocorrerão alterações para pior nos cálculos da remuneração, na elevação do tempo de serviço necessário ou na idade mínima para requerer o benefício. O medo permanece até que a pessoa alcance todas as condições de pleitear o benefício porque nessa área praticamente inexiste direito adquirido.

Este sentimento de insegurança é alimentado pelas instituições financeiras, que perceberam o nicho de mercado e passaram a vender os seus produtos como solução para a previdência no longo prazo. O planejamento financeiro é de fundamental importância, entretanto, a previdência privada é um produto de baixa qualidade, quando consideramos os custos, a péssima rentabilidade e a insegurança.

Previdência Aberta

A previdência privada oferecida pelas instituições financeiras às pessoas físicas em geral é um produto de previdência complementar aberta vinculado a uma sociedade anônima ou seguradora, que deve seguir uma série de normas estabelecidas em lei e pelos órgãos regulador e fiscalizador. Essas obrigatoriedades geram custos relacionados à constituição de reservas técnicas, provisões e fundos, seguindo as regras do Conselho Monetário Nacional, além da possível exigência para a contratação de resseguros ou fundos de solvência. Também é preciso manter os administradores e os membros do conselho estatuário e da diretoria-executiva, além de arcar com outros gastos legais, contábeis e administrativos.

Contabilizados os custos é possível apurar o lucro, contudo, espero que após ler o parágrafo anterior você não esteja pensando que as instituições financeiras trabalhem à beira do prejuízo, claro que não! Elas cobram caro pela comodidade oferecida e caso não haja má gestão ou desvios têm a garantia de retornos sempre positivos, ainda que os resultados dos fundos para os investidores sejam negativos. Isso porque a taxa de administração anual tem como referência o patrimônio dos investidores e não um resultado positivo da gestão. Dessa forma, para alcançar elevados lucros para as instituições financeiras, os produtos de previdência privada não precisam registrar bons retornos financeiros, mas apenas manter os clientes que já possuem e descontar as suas respectivas taxas.

A garantia de resultados sempre positivos para as instituições financeiras, somada à falta de conhecimento pelos investidores, justifica a péssima rentabilidade desses fundos. Normalmente esses produtos obtêm retornos inferiores à Taxa Selic, indicador de referência para a Renda Fixa, entretanto, você aprendeu que é possível alcançar percentuais superiores a este parâmetro. Além disso, por se tratar de um investimento de longo prazo e de uma gestão profissional, por que não utilizar a Renda Variável como parâmetro? Ao invés de tratar o retorno mínimo como obrigação, alguns planos de previdência ainda cobram taxas extras pelo desempenho nos momentos em que superam o parâmetro estabelecido, apesar de não deixar de exigir as taxas quando os resultados são insatisfatórios.

Além de pagarem por custos que poderiam ser evitados e de ficarem amarrados a uma péssima rentabilidade, os investidores ainda correm o risco de perderem uma parte ou todo o dinheiro aplicado, em caso de intervenção ou de liquidação extrajudicial. O investimento em previdência complementar é desprotegido porque não conta com a garantia do FGC, que cobre depósitos à vista e alguns produtos de Renda Fixa, mas não abrange os recursos da previdência privada mesmo que a alocação esteja 100% em Renda Fixa.

As instituições financeiras sempre investem pesado em marketing no final de cada ano, propagando o benefício fiscal de aplicar no Plano Gerador de Benefícios Livres – PGBL, onde o contratante posterga o pagamento do imposto de renda. Contudo, caso contratado, esse pagamento ocorrerá no futuro sobre todo o valor investido e não somente o lucro. Para quem faz a Declaração Completa a vantagem fiscal realmente existe porque a pessoa deixa de pagar 27,5%, que passa para 10% após dez anos, entretanto, basta considerar a péssima rentabilidade desses produtos para verificar que você poderá obter melhores retornos com investimentos próprios.

A previdência complementar aberta é um produto de longo prazo com gestão profissional, mas alcança resultados pífios mesmo utilizando como parâmetro de comparação a Renda Fixa. Os custos operacionais, as despesas administrativas, a necessidade de liquidez e a dificuldade de movimentar rapidamente um grande volume financeiro impactam diretamente a rentabilidade desses fundos. Além disso, existem muitas amarras regulatórias e disposições estatutárias que impedem um melhor desempenho, como os ativos dados em garantia que poderão ter as suas movimentações suspensas.

Ainda que as instituições financeiras zerassem todas as suas taxas, enquanto pessoa física você poderá investir a custos menores e obter melhores retornos apenas em Renda Fixa, mas ocorre que também é possível utilizar a Renda Variável e deslanchar nos resultados ao longo do tempo. Considere a possibilidade de zerar as taxas e a isenção do imposto de renda para as vendas até R$ 20 mil mensais, o que potencializa bastantes os resultados.

Existem muitas desculpas para fazer ou manter um plano de previdência privada, como questões relacionadas à indisciplina de investir de forma independente e à falta de conhecimento financeiro. Estes problemas são reais, entretanto, se for o seu caso caberá apenas a você enfrentar tais situações e melhorar os seus conhecimentos e comportamentos. O que não pode é querer justificar este produto enquanto superior, quando de fato é muito inferior em todos os aspectos.

Planejamento Sucessório

Para fechar este assunto não poderia deixar de mencionar outra história que contam para tentar explicar uma possível decisão pelo investimento, na qual a previdência aberta reduziria os custos e facilitaria o planejamento sucessório. Infelizmente, isso é uma meia verdade utilizada para incentivar a venda, ao mesmo tempo em que gera acomodação e desestimula novos conhecimentos. Começo perguntando: Vale a pena passar a vida toda pagando custos e obtendo uma péssima rentabilidade para acumular menos recursos financeiros pensando que os seus beneficiários pagarão taxas menores depois que você morrer? Existem estados que já cobram o Imposto sobre Transmissão Causa Mortis e Doação – ITCMD dos beneficiários da previdência aberta, mas o fato principal é que durante a fase de acumulação o foco deve ser direcionado às melhores decisões financeiras, uma coisa são os investimentos outra é a sucessão.

Feita essa ressalva, reflita e busque mais informações sobre a sucessão de maneira antecipada porque isso permitirá que você tenha as suas vontades respeitadas, proporcione maior segurança aos seus herdeiros e ainda reduza ou zere custos. Há muitas vantagens em planejar e começar a executar a sucessão ainda em vida, em algumas localidades é possível conseguir a isenção do ITCMD para doações anuais até determinada quantia financeira, por exemplo, em São Paulo o valor anual da isenção é superior a R$ 60 mil. As soluções são diversas e depende dos valores envolvidos, da característica do patrimônio e dos herdeiros. Dependendo do caso, pode-se resolver a situação com uma simples abertura de conta conjunta ou optar por soluções mais complexas, como a constituição de uma holding familiar.

O custo do planejamento sucessório em vida é bem menor do que um processo de inventário, além de ser mais rápido e poder evitar possíveis brigas. Entretanto, lembre-se de respeitar a lei, principalmente se surgir a ideia de também fazer um testamento porque algum erro técnico poderá torná-lo ineficaz, por exemplo, se deixar de respeitar a parte dos herdeiros necessários ou desconsiderar a antecipação da herança já efetivada. Em caso de dúvidas, estes e outros detalhes deverão ser explicados por um advogado de confiança.

Comece a fazer as contas para observar o que é mais vantajoso para você, considerando que a previdência não precisa ser vinculada a produtos comerciais e que a sucessão será simplificada com planejamento e ações que busquem a sua concretização. Atente, também, para o conhecimento e o comportamento financeiro dos seus herdeiros porque é muito fácil, ainda que de boa-fé, destruir um patrimônio, principalmente quando há um histórico de centralização e dependência nas decisões que envolviam o dinheiro. Por isso, lembre-se de conversar e incentivar o conhecimento financeiro para que o patrimônio não só permaneça, mas cresça e permita a evolução da qualidade de vida.

FUNPRESP

Tratada a previdência aberta, abordarei agora o plano de benefício de uma entidade fechada de previdência complementar, no caso a que possibilita o ingresso exclusivo a servidores públicos federais. Aquele que aderir ao FUNPRESP poderá contribuir para uma conta individual com 7,5%, 8% ou 8,5% do montante de sua remuneração que ultrapassar o teto do INSS, que o Governo Federal entrará com a mesma quantia. Em tese seria uma valorização imediata de 100%. Contudo, há uma taxa de carregamento de

7% e outra para a cobertura de benefícios extraordinários de 21,53%, totalizando 28,53% sobre os valores financeiros que o servidor e o governo aplicam no plano. A título de exemplo, para um investimento mensal de R$ 100, com a contrapartida do governo, o montante líquido que ficaria para o contribuinte seria de R$ 142,94, o que significa um "rendimento imediato" de 42,94%.

Além disso, caso o servidor adquira as condições para a aposentadoria e decida pelo resgate receberá apenas uma parte da reserva das contribuições do governo, de acordo com o tempo de filiação à FUNPRESP. Até três anos não arrecadará nada. De 3 a 6 anos receberá 5%. De 6 a 9 anos, 15%. De 9 a 12 anos, 25%. De 12 a 15 anos, 35%. De 15 a 18 anos, 40%. De 18 a 21 anos, 50%. De 21 a 24 anos, 60%. E a partir de 24 anos conseguirá o máximo, 70%. Dessa forma, em caso de saque total no futuro após o maior prazo, o valor do "rendimento imediato" inicial a ser considerado desceria ainda mais, de 42,94% para 21,5%, o que é muito inferior às expectativas de quem se ilude ao entrar neste plano esperando uma contrapartida de 100%.

Ainda temos outras questões: Como confiar que não haverá ingerência do governo, má administração e desvios se a gestão dos Conselhos da FUNPRESP é comandada principalmente por indicações do próprio governo? Como confiar que não haverá alteração na estrutura e nas normas previdenciárias para pior? Caso isso ocorra o servidor não terá liquidez, ficando com o dinheiro preso por décadas.

Quando se pensa alguns anos à frente já é um risco, colocando em perspectiva para os próximos vinte, trinta ou mais anos, então, é um tiro no escuro. O Regimento Interno da FUNPRESP-EXE impõe uma prática de gestão que privilegia o governo, onde o Conselho Deliberativo é dividido entre três funcionários indicados pelo Presidente da República e três escolhidos entre os próprios servidores, sendo que o Presidente também indica quem comandará o Conselho, que é responsável pelo seu voto e pelas decisões em casos de empate.

Esse Regimento é tão bem amarrado para que a decisão final prevalecente seja sempre a do governo que foi estabelecido que cada membro titular terá um suplente seguindo os mesmos critérios da escolha inicial. Em caso de renúncia, perda de mandato, ausência, afastamento ou impedimento do Presidente do Conselho, além da imediata substituição, o comando só poderá ser exercido por outro membro indicado. No Conselho Fiscal são apenas quatro membros, seguindo a mesma lógica que favorece ao governo. Já a Diretoria-Executiva, composta pelo Diretor-Presidente, Diretor de Investimentos, Diretor de Seguridade e Diretor de Administração, é toda nomeada pelo Conselho Deliberativo.

Enquanto o governo impera em suas decisões na gestão e na fiscalização da FUNPRESP, o servidor permanece impotente quanto às regras previdenciárias para as próximas décadas, podendo haver mudanças no percentual das taxas de carregamento, de benefícios extraordinários e até a redução da contrapartida do governo. Além das atuais desvantagens específicas do regime, o amplo horizonte de tempo potencializa os riscos de ineficiência, de má gestão e de desvios, como os que se concretizaram em outras previdências complementares, de empresas que têm a participação do Governo Federal.

Capítulo 11 - MENOR QUALIDADE

Depois de abordar a previdência privada, que é oferecida pelas instituições financeiras, apresentarei agora os demais produtos comerciais, com o foco nos mais consumidos atualmente pelos brasileiros. Tratarei do Certificado de Depósito Bancário – CDB, da Letra de Crédito do Agronegócio – LCA, da Letra de Crédito Imobiliário – LCI, da Caderneta de Poupança e dos Fundos de Investimento. Antes de observar cada um individualmente, farei apontamentos sobre o FGC, que até certo ponto protege o risco de crédito de alguns investimentos em Renda Fixa.

Proteção do FGC

O Fundo Garantidor de Créditos é uma entidade privada sem fins lucrativos, criado em 1995 com o objetivo de proteger os depósitos à vista (conta corrente) e alguns investimentos em Renda Fixa por meio do pagamento de até R$ 250 mil por CPF, em caso de intervenção ou liquidação da instituição financeira. Em junho de 2018, os produtos elegíveis à cobertura totalizavam R$ 2 trilhões, sendo que apenas R$ 1 trilhão estava efetivamente coberto, quando se verificava o limite dos R$ 250 mil individuais. Apesar de necessitar cobrir R$ 1 trilhão, o patrimônio líquido do FGC era de apenas R$ 69,7 bilhões, ou seja, 7% do capital a ser protegido. Mesmo sabendo que a possibilidade de chegar ao patamar máximo de utilização das garantias não é grande, você precisa compreender que há risco porque o tamanho do cobertor é menor.

Também é importante entender até que ponto existe a necessidade de depender do Fundo Garantidor de Créditos porque o investimento em títulos públicos federais, por exemplo, não é protegido, contudo, possui segurança muito superior, quando analisado o risco de crédito. O FGC garante as aplicações caso o investidor não consiga reaver o dinheiro, entretanto, no investimento pelo Programa Tesouro Direto as instituições financeiras intermedeiam, mas a guarda fica a cargo da B3, assim, essa proteção é desnecessária. Destaco, ainda, que o FGC possui R$ 21,5 bilhões em títulos públicos federais e R$ 28,9 bilhões em operações no Banco do Brasil e na Caixa Econômica Federal, valores que somados representam 72,3% do seu patrimônio líquido, o que demonstra a sua dependência em relação ao risco de crédito do Governo Federal, do mesmo modo que ocorre com as pessoas físicas que aplicam diretamente no Tesouro Nacional.

Os investimentos assegurados pelo FGC são aqueles que se assemelham a contratos entre as instituições financeiras e os seus clientes, onde estes emprestam dinheiro a juros, com o objetivo de serem corrigidos durante ou após um período a taxas pré e/ou pós-fixadas. Dessa forma, estão protegidas as aplicações em CDBs, em LCAs, em LCIs e em Caderneta de Poupança. Por outro lado, estão desprotegidos os produtos em que os resultados dependem da gestão de terceiros, como todos os Fundos de Investimento.

CDB

Os CDBs são categorizados como Depósitos a Prazo, o produto que mais capta recursos para as instituições financeiras. Em junho de 2018 havia R$ 835 bilhões à disposição para empréstimos mediante os Depósitos a Prazo. Os bancos buscam dinheiro para poder oferecer às pessoas físicas e jurídicas que precisam destes recursos. Considerando os juros do crédito praticado no Brasil, essa deveria ser uma excelente opção de aplicação para qualquer investidor em Renda Fixa, entretanto, devido à falta de conhecimento e de atitude pela população, as instituições financeiras pagam poucos juros durante a captação e cobram elevadas taxas nos empréstimos. A diferença entre esses ganhos caracteriza o chamado *spread* bancário e possibilita consistentes lucros para o setor financeiro.

A aquisição dos CDBs ocorre eletrônica ou presencialmente. Durante a negociação é definida a forma de remuneração (pré ou pós-fixada), a taxa de juros, a liquidez (diária ou no vencimento) e o período até o vencimento. Os produtos de liquidez diária permitem o saque antecipado com a remuneração proporcional ao período investido, enquanto as aplicações de liquidez apenas no vencimento poderão exigir a permanência até o final ou permitir a retirada do dinheiro desde que não haja nenhuma remuneração.

Provavelmente você verá comparações entre os CDBs e os títulos Tesouro Selic, com a argumentação de que produtos que pagam a partir de 100% da Taxa Selic são melhores opções frente ao investimento pelo Programa Tesouro Direto. Ocorre que existem outros títulos disponíveis à compra e de fato este é o menos vantajoso durante as comparações porque praticamente não há volatilidade em seus preços. Retornos bem superiores poderão ser alcançados investindo a partir de outros títulos públicos federais ou mesmo em ações, observando sempre que o Tesouro Selic proporcionará maior liquidez, enquanto o mercado de ações possibilitará maiores retornos no longo prazo. Enquanto isso, normalmente, quem busca taxas mais satisfatórias em CDBs acaba abrindo mão da liquidez remunerada e se prendendo em aplicações por vários anos.

A tributação dos CDBs ocorre do mesmo modo que nos rendimentos pelo Programa Tesouro Direto, com a cobrança do IOF Regressivo sobre os possíveis lucros para operações inferiores a trinta dias e o imposto de renda padrão da Renda Fixa, onde o percentual sobre o lucro depende dos prazos abaixo:

1. 22,5% para aplicações com prazo de até 180 dias;
2. 20% para aplicações com prazo de 181 dias até 360 dias;
3. 17,5% para aplicações com prazo de 361 dias até 720 dias; e
4. 15% para aplicações com prazo acima de 720 dias.

LCA / LCI

As Letras de Crédito do Agronegócio e as Letras de Crédito Imobiliário são produtos similares aos CDBs, com a diferença que atualmente são isentos da tributação do imposto de renda sobre o lucro e a emissão está condicionada à disponibilidade pela instituição financeira de direitos ou créditos relacionados aos respectivos setores do agronegócio e imobiliário. Inclusive, se por algum motivo houver a perda da disponibilidade (lastro) à qual estava condicionada a emissão durante a aplicação, sem a possibilidade da imediata substituição que cubra o valor financeiro integral do investimento, a operação será liquidada antecipadamente, sendo os valores atualizados proporcionalmente às especificações acordadas.

É preciso analisar bem as LCAs e as LCIs porque nem sempre a isenção reflete nas taxas e nas condições oferecidas pelas instituições financeiras aos clientes, por isso, é importante comparar as rentabilidades líquidas com as dos CDBs. Isso ocorre por dois motivos, primeiro há maior concorrência entre os CDBs (R$ 835 bilhões) em relação às LCAs (R$ 146 bilhões) e LCIs (R$ 168 bilhões). Outro motivo está na necessidade de limitar a oferta ao lastro, que acaba gerando maior demanda entre investidores ávidos por não pagar o imposto de renda e as instituições financeiras acabam piorando as condições para usufruir indiretamente do benefício fiscal que seria do cliente. A falta de conhecimento financeiro e de atitudes por parte dos consumidores acaba levando a tais situações, que praticamente anulam a vantagem.

Caderneta de Poupança

A Caderneta de Poupança era uma alternativa ruim, mas conseguiu alterar a sua condição para opção péssima de investimento após modificação no cálculo da remuneração ocorrida a partir de 04 de maio de 2012, quando passou a ter o retorno limitado a 70% da Taxa Selic, mais TR, sempre que o COPOM estabelecer a Selic Meta em patamar igual ou inferior a 8,5% ao ano.

É interessante registrar que isso aconteceu para permitir maiores reduções na taxa de juros da economia. Para você ter uma ideia, pelo cálculo anterior somente o efeito dos 0,5% da remuneração mensal fixa da Poupança gerava ao ano quase 6,17%. Se comparar, apenas como exemplo, com a Selic Meta, atualmente em 6,5% e retirar o menor imposto de renda possível (15%), sem considerar as taxas, o resultado seria 5,525%, o que representaria um retorno 10,4% inferior à Caderneta de Poupança. Mas como a partir de 2012 a Poupança passou a render 70% da Selic, mais TR, seguindo o exemplo, os 70% da Selic Meta seriam 4,55% (a TR não rendeu nada em 2018), o que significa que para esta situação hipotética a Poupança está remunerando 26,2% a menos que o cálculo antigo e 17,7% a menos que a rentabilidade líquida da Selic.

Existe um mito de que a Caderneta de Poupança é garantida pelo Governo, entretanto, a proteção existente é apenas pelo FGC, dentro do limite dos R$ 250 mil por CPF e por instituição financeira. Apesar da baixa remuneração, ainda há muito dinheiro aplicado neste produto (R$ 736 bilhões, em junho de 2018). Quando se consideram apenas as pessoas físicas, 85% dos brasileiros têm conta ativa na Poupança e o volume representa quase 39% do total de recursos investidos.

Como você pôde perceber no exemplo acima, apesar de não cobrar imposto de renda a remuneração da Poupança consegue ser inferior a outros produtos de Renda Fixa. Vale lembrar que apesar da liquidez ser diária, esse investimento gera a remuneração apenas na data referente ao dia do mês em que foi feita a aplicação, o que significa que se o saque ocorrer antes o rendimento deste mês será zero, ainda que falte apenas um dia para completar o período.

Fundos de Investimento

Os Fundos de Investimento são uma categoria de aplicação coletiva gerida por um administrador, que recebe anualmente um percentual do valor do patrimônio total pelo serviço prestado. Os fundos são classificados em

Fundos de Renda Fixa, Fundos de Ações, Fundos Cambiais e Fundos Multimercado, sendo que estes últimos envolvem mais fatores de risco por permitir a concentração em uma mesma modalidade de ativo financeiro. Existem, ainda, outras espécies, os fundos de investimento estruturados, que possuem regras específicas, como os Fundos Imobiliários, que serão abordados apenas no próximo capítulo.

O regulamento de cada fundo deve informar sobre a cobrança da taxa de administração e a possível existência das taxas de performance (cobrada em alguns fundos de Renda Variável pelo desempenho financeiro), de ingresso e de saída. Além disso, quem investe nestes produtos paga por uma série de despesas, que são os "encargos do fundo". Segundo a Instrução CVM nº 555/2014, constituem encargos que podem ser cobrados, além das taxas de administração:

1. Taxas, impostos ou contribuições federais, estaduais, municipais ou autárquicas, que recaiam ou venham a recair sobre os bens, direitos e obrigações do fundo;
2. Despesas com o registro de documentos em cartório, impressão, expedição e publicação de relatórios e informações periódicas;
3. Despesas com correspondências de interesse do fundo, inclusive comunicações aos cotistas;
4. Honorários e despesas do auditor independente;
5. Emolumentos e comissões pagas por operações do fundo;
6. Honorários de advogado, custas e despesas processuais correlatas, incorridas em razão de defesa dos interesses do fundo, em juízo ou fora dele, inclusive o valor da condenação imputada ao fundo, se for o caso;
7. Parcela de prejuízos não coberta por apólices de seguro e não decorrente diretamente de culpa ou dolo dos prestadores dos serviços de administração no exercício de suas respectivas funções;
8. Despesas relacionadas, direta ou indiretamente, ao exercício de direito de voto decorrente de ativos financeiros do fundo;

9. Despesas com liquidação, registro, e custódia de operações com títulos e valores mobiliários, ativos financeiros e modalidades operacionais;

10. Despesas com fechamento de câmbio, vinculadas às suas operações ou com certificados ou recibos de depósito de valores mobiliários;

11. Os montantes devidos a fundos investidores na hipótese de acordo de remuneração com base na taxa de administração e/ou performance; e

12. Honorários e despesas relacionadas à atividade de formador de mercado.

Além de todo o custo da gestão, há cobrança do imposto de renda. Agora reflita sobre a possibilidade destes custos não existirem. Atualmente é possível investir livre de todas as taxas de intermediação das instituições financeiras, tanto na Renda Fixa, quanto na Renda Variável. O investidor pessoa física também conta com benefícios fiscais, como a isenção do imposto de renda para vendas mensais até R$ 20 mil e a compensação de possíveis prejuízos na Declaração do Imposto de Renda.

As desvantagens dos fundos se estendem para os vários fatores de risco deste produto. É importante, por exemplo, ler e compreender a política de investimento presente nos regulamentos, inclusive dos considerados conservadores, porque muitas vezes é admita a alavancagem (endividamento) e a utilização de estratégias com derivativos (contratos especulativos). O resultado pode ser perdas patrimoniais significativas, até superiores ao próprio capital investido e a consequente obrigação de novos aportes para cobrir os prejuízos dos fundos.

A própria CVM exige que ao ingressar no fundo o investidor ateste ciência para os fatores de risco e de que não há nenhuma garantia contra eventuais perdas patrimoniais. Existe também o risco de liquidez, caso haja um grande volume de solicitações de resgate. Alguns regulamentos alertam que isso pode gerar a necessidade da venda de ativos com perdas maiores do que em situações normais de mercado.

Por fim, é importante compreender que os retornos não são a maior preocupação dos fundos de investimento, mas a manutenção e a captação dos clientes. Assim como acontece nos fundos de previdência, a taxa de administração anual tem como referência o patrimônio dos investidores e não um resultado positivo da gestão. Isso justifica a existência de uma infinidade de fundos que dão prejuízos (para os investidores), mas vão muito bem em seus retornos para as instituições financeiras.

Capítulo 12 - MAIOR CAUTELA

A essa altura não é mais novidade para você a importância de conhecer o produto de interesse, saber fazer comparações e observar as possíveis vantagens e desvantagens antes de iniciar as aplicações financeiras. Pensando neste cuidado para evitar maus resultados separei este capítulo para abordar o câmbio e os fundos imobiliários, dois investimentos aparentemente simples e que podem ser interessantes, mas requerem ponderação quanto à oportunidade e à necessidade.

Câmbio

Em nosso país, o mercado de câmbio compreende as operações de compra e venda de moeda estrangeira e de ouro realizadas por instituições autorizadas pelo Banco Central do Brasil. É possível tratar as moedas e o ouro como parte de uma carteira de investimentos visando uma proteção à volatilidade, entretanto, isto por si só não gera valor, pode limitar retornos de longo prazo e apresenta custos. Além disso, dificulta a ideia de simplificar a prática dos investimentos porque é preciso entender mais sobre o contexto político-econômico nacional e internacional para avaliar quando o câmbio está caro ou barato.

Então, quem necessitaria operar câmbio? Pessoas que pretendem viajar para outro país a passeio, a trabalho, fazer um intercâmbio, um curso de curta duração, uma pós-graduação ou morar fora em definitivo. Além dos gastos durante a permanência, o dinheiro estrangeiro pode ser utilizado para comprar produtos a serem trazidos de volta ao Brasil ou até mesmo imóveis lá fora, como vem se tornando uma prática cada vez mais comum entre os brasileiros de maior poder aquisitivo que investem nos Estados Unidos.

É importante destacar o dólar americano porque segundo estimativas de novembro de 2016 do Ministério das Relações Exteriores, mais de um milhão e quatrocentos mil brasileiros moravam nos Estados Unidos, o que representava 45,7% das comunidades brasileiras pelo Mundo. Desta forma, em caso de necessidade por dólares, caberá a você se planejar para obter a quantidade necessária para atingir os seus objetivos.

Há três formas de se expor ao dólar que vão além de uma simples operação de câmbio, atrelando de maneira controlada parte do resultado dos investimentos à moeda norte-americana. A primeira opção é, a partir do Brasil, abrir uma conta em corretora diretamente nos Estados Unidos para desfrutar de um amplo mercado diversificado e bem mais líquido, porém, é mais trabalhoso. A segunda alternativa são os Brazilian Depositary Receipts – BDRs, que permitem a compra de produtos norte-americanos na B3, por intermédio de uma corretora brasileira, sem a necessidade de pagar pela remessa de recursos ao exterior. A terceira escolha possível é também operar pela B3, como qualquer outro código, a compra dos ETFs IVVB11 ou SPXI11, fundos de investimento passivos, que cobram, respectivamente, 0,24% e 0,27% ao ano para refletir o índice S&P 500, do mercado de ações dos Estados Unidos.

Agindo de uma das formas apresentadas você estará se expondo à variação cambial entre o Dólar e o Real ao mesmo tempo em que produzirá valor ao dinheiro, devido aos rendimentos recebidos pelos produtos comprados, seja por meio dos juros ou dos lucros.

Real x Dólar

A simples comparação entre o Real e o Dólar é insuficiente para justificar as operações de câmbio. O consumo de produtos fabricados nos Estados Unidos pelos brasileiros já está inserido nos índices de inflação. Ainda que o seu gasto anual em dólares seja acima da média você acabará perdendo dinheiro se resolver comprar ou investir com o câmbio a qualquer preço.

De julho de 1994 (início do Plano Real) até setembro de 2018 o dólar saiu de R$ 0,90 para R$ 4,04. Neste mesmo período, se esses R$ 0,90 fossem corrigidos pela inflação, o montante seria de R$ 5,33, ou seja, daria para comprar 32% a mais hoje utilizando o Real. Já se a correção fosse pela Taxa Selic, o total alcançaria R$ 48,56, ou seja, 1.102% a mais do que o investimento em dólar.

Isso não significa dizer que você deve investir hoje em Taxa Selic que o seu resultado será muito superior ao dólar no longo prazo porque vivenciamos momentos com taxas de juros extremamente elevadas no Brasil, quando a meta da Selic chegou a ultrapassar os 40% anuais. Apenas observo que essa taxa rende acima da inflação porque tem como principal objetivo controlá-la, mas com conhecimento, mesmo na Renda Fixa é possível obter rendimentos médios superiores à Taxa Selic ao longo dos anos.

No longo prazo, apreciando grosso modo, o câmbio entre o Real e o Dólar acaba orientado pela relação entre a inflação brasileira e a norte-americana. Assim, o Real tende a se desvalorizar devido a nossa maior inflação, entretanto, você observou que simplesmente comprar dólar é desvantajoso como investimento financeiro. Reflita sobre as suas reais necessidades e analise bem como proceder, de acordo com o que foi detalhado aqui sobre câmbio.

O dólar oscila mais no Brasil quando o país passa por incertezas locais ou internacionais, como é o caso de eleições ou crises políticas e econômicas, entretanto, nunca se trata de desvalorizações indefinidas do Real, sempre há alguma reversão após esses períodos. Colocar o dólar na carteira é possível, mas muitas vezes ele tem um caráter muito mais especulativo do que de investimento de longo prazo, por isso pode ser evitado pelos investidores, principalmente por aqueles que ainda estão no início do percurso.

Fundos Imobiliários

Os fundos imobiliários são uma alternativa de produto financeiro para quem quer investir indiretamente no mercado imobiliário através da B3 porque eles compram diretamente imóveis, dívidas ou outros fundos relacionados ao setor. Ao adquirir cotas os investidores passam a receber pelo menos 95% dos lucros em dividendos, calculados com base semestral, mas normalmente pagos mensalmente. Esses fundos podem trazer vantagens e desvantagens quando comparados à compra direta de imóveis e ao investimento em ações. Por isso é importante você avaliar bem alguns itens antes de decidir por investir ou deixar de investir.

A primeira questão traz uma vantagem aos fundos imobiliários por eles costumarem pagar dividendos mensais, o que gera um fluxo interessante para quem quer receber uma renda. Contudo, durante o processo de formação de uma carteira de investimentos há um pequeno transtorno em ter que reaplicar os dividendos, mas isso pode ser feito sem maiores problemas juntamente com os demais aportes mensais.

A dificuldade desses fundos em crescer e gerar mais valor aos investidores é o segundo ponto observado e apresenta uma desvantagem. Como eles são obrigados a distribuir, no mínimo, 95% dos lucros auferidos e ainda cobram taxas de administração, não resta praticamente nenhum recurso para reinvestir. O crescimento dos fundos imobiliários normalmente está atrelado a novos aportes dos cotistas, à correção de contratos pela inflação ou a uma possível valorização do mercado imobiliário acima da inflação (quando o imóvel está desocupado à espera de um novo contrato), descontados os dividendos distribuídos.

O terceiro tema é o imposto de renda. Como ocorre com os fundos imobiliários, há isenção sobre os dividendos distribuídos no mercado acionário. Entretanto, há grandes desvantagens para os fundos, que pagam 20% de imposto sobre o lucro, nas vendas de cotas. No caso das ações, há isenção para vendas de até R$ 20 mil realizadas dentro de cada mês. Já em casos de ganhos de capital para somas mensais superiores a R$ 20 mil, o imposto de renda é menor, calculado em 15% sobre o lucro.

A liquidez e o preço reduzido para a compra são o quarto e o quinto assunto analisado. Há vantagem quando se compara a negociação de um fundo imobiliário com a dificuldade de comprar e vender diretamente um imóvel e ainda conseguir manter contrato ativo com um inquilino. Você só não deve esquecer que para não ter a dor de cabeça de cobrar aluguéis há um custo com a taxa de administração e os fundos imobiliários também podem ter que enfrentar inadimplência e vacância. Na comparação com o mercado acionário, a liquidez dos fundos imobiliários é bem menor, o que representa uma desvantagem. Já em relação ao preço reduzido para a compra, em ambos os casos é possível negociar quantias baixas pelo mercado fracionário.

Uma sexta discussão é a imaturidade do mercado de fundos imobiliários. Em julho de 2018 ocorreu uma suspeita de "pirâmide financeira com indícios de fraude", que levou a CVM a suspender um fundo. Foram apontadas irregularidades na distribuição de resultados a partir de receitas com a taxa de ingresso e do caixa disponível oriundo dos aportes efetuados pelos cotistas, onde o elevado percentual da taxa de ingresso cobrado seria uma forma utilizada para conseguir dinheiro e inflar o pagamento de dividendos, que não se baseavam em atividades imobiliárias do fundo. Durante um período de mais de dois meses, cerca de 8 mil pessoas ficaram com os seus recursos financeiros bloqueados aguardando uma solução, o que correspondeu ao volume financeiro de 5% do mercado de fundos Imobiliários. Este ocorrido retrata uma desvantagem quando comparado à compra direta de imóveis. Já em relação ao investimento em ações, seria um fato neutro, considerando que o mercado acionário também apresenta as suas falhas.

Fundos Imobiliários x Compra Direta de Imóveis

Você pode fazer um confronto entre investir em fundos imobiliários e comprar diretamente imóveis para o recebimento de aluguéis. Apontarei as vantagens e as desvantagens.

No que se referem às vantagens, os fundos imobiliários possibilitam o recebimento de dividendos mensais, que se comparam aos aluguéis dos imóveis. O benefício está em poder diversificar a carteira de imóveis por causa dos baixos preços das cotas. Ainda que a possibilidade de haver inadimplência ou vacância seja maior, é menos provável que o cotista fique sem receber nada. É muito mais prático comprar e vender cotas de fundos imobiliários do que comprar e vender imóveis diretamente.

Quanto às desvantagens, inexiste a possibilidade de tomar as próprias decisões sem depender do consentimento de outros cotistas, inclusive sobre a necessidade de manutenção ou de reforma dos imóveis. Além de pagar custos administrativos, é preciso analisar mensalmente os relatórios da gestão porque os fundos funcionam como um condomínio, onde sempre podem aparecer surpresas desagradáveis nas assembleias, inclusive fraudes pela própria instituição administradora. Também é preciso ter conhecimento para saber analisar bem a qualidade dos fundos e o momento de comprar cotas específicas para receber bons dividendos mensais.

Fundos Imobiliários x Ações

Outro paralelo necessário ocorre entre o mercado de fundos imobiliários e o mercado acionário. Serão apresentadas as vantagens dos fundos imobiliários e as possíveis desvantagens frente às ações no tocante ao pagamento de dividendos, à volatilidade, à liquidez, à geração de valor e ao imposto de renda.

No lado das vantagens, pela comparação direta, observa-se o pagamento mensal de dividendos e a menor volatilidade das cotas dos fundos imobiliários. Contra-argumentando as vantagens apresentadas, apesar do número de ações que remunera com dividendos mensais ser ínfimo, quando se considera o período anual de recebimento, é possível encontrar papéis com recompensas superiores às dos fundos imobiliários e que ainda conseguem reter parte maior dos lucros para serem reinvestidos na empresa. Observar que o mercado de fundos imobiliários é menos volátil não é propriamente uma vantagem porque isso não significa dizer que o investimento é menos arriscado. Por outro lado, a liquidez é muito inferior, o que dependendo do volume negociado representará uma grande dificuldade para alcançar o último preço de compra ou de venda.

Quanto à geração de valor, os fundos imobiliários normalmente apenas aumentam os preços dos aluguéis pela inflação ou aguardam uma possível valorização do mercado imobiliário acima da inflação. Já as empresas, além de poderem aumentar os preços dos seus produtos – em algumas situações também corrigidos contratualmente pela inflação –, ainda podem elevar a sua participação de mercado, buscar novos mercados, produzir novos produtos, reduzir custos de produção e reinvestir uma parte maior dos lucros para obter retornos acima da inflação. O ganho de escala e o crescimento em valor são muito superiores com o investimento em ações, o que possibilita maior elevação dos lucros ao longo do tempo.

Por fim, o imposto de renda é outro item desvantajoso aos fundos imobiliários quando comparado às ações. Isso porque quem investe em ações, além estar isento de impostos sobre os dividendos, também não paga nada sobre lucros mensais para vendas até R$ 20 mil e caso as negociações superem este limite a alíquota do imposto de renda será de 15%, contra os 20% cobrados para quem investe em fundos imobiliários. Ainda existe a possibilidade de compensar os custos e os possíveis prejuízos, durante a Declaração do Imposto de Renda, o que não é permitido para quem investe nos Fundos Imobiliários. De maneira geral, o mercado de fundos imobiliários acaba apresentando mais desvantagens em relação ao mercado acionário.

Capítulo 13 - PIRÂMIDE FINANCEIRA

Este capítulo abre uma exceção por não tratar de um investimento, mas será extremamente importante à sua orientação financeira. Devido à grande demanda existente pelas criptomoedas é preciso advertir sobre as características, irregularidades e riscos envolvidos nesta pirâmide.

Criptomoedas

Estamos na era digital há algum tempo e não é nenhuma novidade a comercialização de produtos e serviços pela Internet. Esta evolução ocorreu no âmbito local e internacional. A maior parte das transações financeiras é feita sem qualquer contrapartida física.

Até mesmo no contexto doméstico isso acontece. As pessoas já recebem o salário direto na conta. Têm a opção de sacar o dinheiro ou de maneira muito mais simples realizar virtualmente o pagamento do cartão de crédito, das contas de energia, de água, de telefone ou de um boleto qualquer. Isso quando a fatura já não será paga automaticamente. Compras são feitas pelo computador ou pelo celular. Basta você refletir sobre qual é o percentual do seu salário sacado durante todo o mês para verificar o quanto isso te impacta.

Desta forma, a primeira crítica à criptomoeda não ocorre por aversão a um dinheiro virtual, mas pelo fato dela não se caracterizar enquanto dinheiro. Diferentemente das nações que podem lastrear as suas moedas com algum recurso físico ou recorrer às dívidas, que serão pagas juntamente com os juros, as criptomoedas não apresentam nenhuma garantia. Enquanto os governos produzem dinheiro, considerando o crescimento da inflação, da carga tributária, do desemprego, da taxa de juros da economia e da própria dívida pública, existem protocolos de moedas virtuais que possibilitam a sua criação independentemente de demanda e fazem este dinheiro virtual brotar.

Há uma tentativa de (des)construção ideológica para justificar a criptomoeda, contrapondo o sistema bancário e o controle do Estado, entretanto, elas se enquadram num modelo pior e mais arriscado. Diferentemente do que os seus defensores afirmam, a criptomoeda não pode ser considerada escassa porque já existem milhares de moedas virtuais diferentes e a cada dia surgem outras novas, um negócio altamente rentável para quem está inventando cada moeda. Por outro lado, a propagada desbancarização e as transações diretas dão lugar a custos e, na prática, muita intermediação financeira porque efetuar operações de maneira direta gera grande insegurança, principalmente quando se considera o mercado de maneira global. Também não há segurança jurídica e a própria identidade do investidor pode ser violada.

Já do ponto de vista do investimento, ou melhor, supondo que fosse um investimento, sua característica seria unicamente especulativa e baseada na expectativa de no futuro conseguir reverter as moedas virtuais compradas em algum produto, serviço ou moeda oficial, enquanto ainda houver alguém que aceite tal troca. Isso porque diferentemente das ações que geram lucros e das dívidas que remuneram com juros, as moedas virtuais não proporcionam valor que as rentabilize como investimento. Também não apresentam garantia de liquidez, nem acumulam valor financeiro real. O preço de mercado está baseado simplesmente nas negociações. Isso significa que se não houver mais nenhum comprador, além da quantia a receber em dinheiro real ser zero, não haverá patrimônio a resgatar. Por tudo isso, elas não se caracterizam enquanto reserva de valor e o seu montante passaria a equivaler a dinheiro de brinquedo, como o do Jogo da Vida ou do Banco Imobiliário, ou seja, nada!

As criptomoedas não são uma pirâmide financeira, são várias! Cada uma estruturada à sua maneira. As pirâmides financeiras crescem baseadas em dois fatores principais: o número de entrantes e os novos aportes dos que já estão inseridos. Entretanto, há uma peculiaridade na pirâmide das moedas virtuais: como simulam um ativo financeiro de renda variável, o preço de mercado vale de maneira igual para todos os aportes. A demanda ocorre pela ganância de um retorno rápido, elevado e sem trabalho. A maior parte das pessoas que investe não entende o seu funcionamento, simplesmente aceita o risco porque visualiza o histórico de altos retornos e tem a sensação de que pode ficar rica num curto prazo. Não é a toa que se contabiliza no Brasil mais pessoas apostando em criptomoedas do que investidores com cadastro ativo na B3 e no Tesouro Direto juntos.

Nesta brincadeira de adulto as autoridades financeiras de todo o mundo parecem perdidas. Elas ainda não conseguiram identificar de forma clara os esquemas e agem no sentido de coibir ou de regular, quando deveriam simplesmente caracterizar a fraude.

No caso do Brasil, o Banco Central não regula as criptomoedas porque não as consideram moedas oficiais. O órgão apresenta uma postura evasiva: não nega a possibilidade de utilização como investimento, mas alerta para os riscos de perda de todo o capital investido, da volatilidade e de fraudes. Informa, sem dar maiores explicações, que o preço das moedas virtuais "decorre da confiança depositada nas suas regras de funcionamento e na cadeia de participantes".

O mesmo comportamento evasivo ocorre em relação ao funcionamento das corretoras (exchanges) que negociam as criptomoedas. Elas não seriam reguladas, autorizadas ou supervisionadas pelo Banco Central porque "não há legislação ou regulamentação específica sobre o tema no Brasil". Contudo, é observado que as transferências internacionais devem ser realizadas apenas por instituições autorizadas.

A Lei 9.069/1995 determina em seu Art. 65 que: "O ingresso no País e a saída do País de moeda nacional e estrangeira devem ser realizados exclusivamente por meio de instituição autorizada a operar no mercado de câmbio, à qual cabe a perfeita identificação do cliente ou do beneficiário." A não observância deste artigo acarretará, além das sanções penais, na perda dos montantes que ultrapassarem o limite equivalente a R$ 10 mil.

Mas por que não apostar nas criptomoedas? É possível ganhar dinheiro com elas? Como em toda pirâmide financeira há movimentos especulativos, onde quem coloca e retira o dinheiro antes da bolha estourar pode auferir lucro. Entretanto, no exato instante em que você identifica o esquema e sabe que em algum momento muitos sairão prejudicados passa a existir uma questão moral por trás da ação de apostar ou de deixar de apostar. Considere, também, o aspecto legal, por participar de maneira consciente de uma fraude, além de assumir o risco de perder o seu dinheiro de verdade.

PESCARIA REAL

Ao longo da leitura sugeri investir pelo Tesouro Direto e no mercado de ações, mas apresentei informações para que você refletisse e ampliasse o seu conhecimento sobre diversos produtos financeiros. Descompliquei ao máximo a abordagem e foquei na importância da segurança e da rentabilidade, onde os riscos podem ser evitados ou administrados.

Agindo com inteligência e sendo proativo você será capaz de aprender cada vez mais se esforçando cada vez menos e o mais importante, com uma direção consciente. Assuma as responsabilidades por suas decisões financeiras, mas tenha bastante cuidado com as atitudes e os comportamentos, principalmente as alterações no planejamento.

Você conheceu e organizou o seu próprio orçamento, aprendeu por onde e como navegar e o que pescar para obter os melhores resultados no universo financeiro e atingir os seus objetivos. A Coleção Educação Financeira Pessoal continuará com a segunda obra, que ensinará como e quando fisgar os peixes, com a Análise Indicativa de Qualidade.

Mantenha um padrão de consumo com bem-estar, mas sempre dentro das suas possibilidades e torne o percurso tranquilo, focado no que realmente importa para você e sua família. Mesmo já investindo, busque aprofundar os saberes e exercitar o questionamento para que os movimentos façam sentido. Desejo muito conhecimento, felicidade e todo o sucesso!

SOBRE O AUTOR

Educador financeiro, formado em Ciências Políticas, especialista em gestão, cadastro ativo no Tesouro Direto desde fevereiro de 2002 e mais de doze anos de experiência no mercado de ações.

Contato: educa.fin.pessoal@gmail.com

www.ingramcontent.com/pod-product-compliance
Lightning Source LLC
Chambersburg PA
CBHW081728220526

45468CB00008B/2022